# 世界の富を再分配する 30の方法

## グローバル・タックスが世界を変える

上村雄彦〔横浜市立大学教授〕［編著］

## この本を読むみなさまへ

　この本のタイトルを見て、「世界を変えるのに、どうして税なの？」と思われた方もいるかもしれません。

　では、税金のない世界を想像してみましょう。租税制度がなければ、政府はお金持ちや儲けている企業から税金をとることができません。そうすると大多数の国民は、国のお金で賄っている医療、福祉、教育などのサービスを受けることができなくなります。

　たとえば、お金持ちは自分のお金で医師を雇ったり、家庭教師を雇って子どもに教育を与えたりすることができるかもしれません。しかし、警察や消防、ごみ収集などの公共サービスがなくなれば、多くの人びとは安全を確保することさえがむずかしくなります。

　いま地球社会で起こっていることは、まさにこうした現象なのです。地球社会全体をカバーする税制がないために、地球規模で儲けている投資家や富裕層、多国籍企業から税金を徴収することができず、温暖化対策、貧困の解消、医療や教育機会の提供、紛争の解決など、地球規模の課題の解決に充てる資金がないのです。また、これらの問題は、もはや一国の努力では解決できない国際的な課題ですから、いつまでたっても解決されないままなのです。

　国境を越える活動や資産にグローバルに課税し、集めた富をグローバルに再分配し、地球規模の課題を解決するために使う。このグローバル・タックスの歴史、しくみ、とりくみの現状、課題などをみなさんと一緒に知り、できることから行動をはじめるきっかけをつくりたい。これが、この本の中心テーマです。

　グローバル・タックスとは、言うならば、グローバル化した地球社会を１つの「国」とみなし、地球規模で税制を敷くことです。具体的には、①「漏れを防ぐこと」、すなわちタックス・ヘイブン（租税回避地）対策（38ページ参照）、②実際に課税をおこなう議論、③課税、徴税、税収の使用

2

のためのガヴァナンス（管理・運営）をつくるための議論、の3つに分けられます。2つ目の課税をおこなう議論の際に、よく「グローバル連帯税」ないし「国際連帯税」という言葉を用います。そのときは、グローバル・タックスのなかの課税の部分を話しているのだなと理解してもらえればよいと思います。

　本書は、まず加速する地球環境破壊、終わりの見えない紛争、ますます広がる国内外の格差と貧困など、私たちが直面している厳しい現実を直視し、これらの原因を探るところからはじまります。そのうえで、これらの問題に対する処方箋としてのグローバル・タックスのしくみ、金融取引税など具体的な課税、それがもたらしうる地球社会の新しい運営方法を考察します。

　そして最後に、グローバル・タックスの実現に向けて、世界はどう動いているのか、日本はどうすればよいのか、そして私たちは何ができるのかということをご紹介しつつ、これらの実現に向けてできることを一緒に考えていきたいと思います。

　以上が本書の流れですが、それぞれの項目は独立して読めるようになっています。ですから、みなさんの興味・関心に合わせて、好きなところから読みはじめていただくこともできます。

　あまりにも厳しい現実を前に、ただ絶望するしかないように見える現代社会ですが、グローバル・タックスという希望があります。本書が、地球の問題を何とかしたいと考えるみなさんに、新たな視点からヒントを与え、日本で、国際社会で、グローバル・タックスが実現する一歩となるよう願っています。

　さあ、これから一緒に希望を見つける扉を開けましょう。

カバー・本文イラスト　スズキトモコ
カバーデザイン　TR. デザインルーム　タナカリカコ
組版　Shima.

# 第1章
# 世界が抱える深刻な問題

# 01

# 地球を悩ます
# 環境破壊・貧困・格差・紛争

## ■ 加速する環境破壊

1秒間にテニスコート20面分。これは世界の森林が破壊されているスピードです。1分間に1200面、1時間に7万2000面、1日に172万8000面、1カ月に5256万面、1年に6億3072万面分の森林が破壊されているということになります。1年で日本の14倍の面積に相当する森林が消えているのです。

森林がなくなれば、陸上生物は生存できません。いうまでもなく、人類も陸上生物の一種です。

森林は二酸化炭素を吸収し、酸素を放出する「地球の肺」です。森林は二酸化炭素の貯蔵庫です。げんに木材を燃やすと二酸化炭素が排出されます。森林が破壊されるということは、これまで吸収してきた二酸化炭素が一挙に排出され、地球温暖化が大幅に加速することを意味します。

世界の数百名の科学者から構成される「気候変動に関する政府間パネル」（IPCC）は、2014年に発表した第5次報告書で、このまま推移すると2100年までに地球の平均気温がヨーロッパの産業革命前（1800年頃）と比べて2.6度～4.8度上昇すると予測しています。

平均気温が2度上昇し、海面が50センチ上昇した場合、日本では90兆8000億円の資産が水没し、中国では最悪の場合、米の収穫量が78%、モンゴルでは小麦の収穫量が67%減少すると試算されています[*1]。

また、2025年には50億人、2050年には70億人が水不足に陥る可能性も指摘されています。水が不足すれば食料をつくれなくなりますし、食料がなければ、そもそも生きていくことができません。

これらは、このままでは地球社会は破局的な状況を迎えるという警告です。

　人類が生存していくためには、気温上昇の範囲を、産業革命以前と比較して２度以内に抑えなければなりません。これが世界の科学者の共通の認識になっています。しかし、すでに地球の平均気温は 0.85 度上昇し、２度を突破するのは、なんと 2028 年頃といわれており、この先 12 年もありません。つまり、地球温暖化は将来の問題ではなく、まさに現在の、待ったなしの課題なのです。

## ■ 深刻な貧困と拡大する格差

　待ったなしといえば、貧困問題も同様です。いま現在、この世界では貧困や栄養失調が原因で、６秒に１人のペースで子どもたちが死んでいます。食べ物がなくて、飢餓や栄養失調で死ぬなど、日本にいては想像できないかもしれませんが、それが世界で起こっている冷厳な現実なのです。

　他方、世界ではたった 0.14％ の富裕層が、すべての金融資産の 81.3％ を所有しています。さらに、たった 62 人の大富豪が世界の下位 36 億人分に相当する資産をもっています(＊2)。

　片やお金がなくて食べ物が買えずに死んでいき、他方では 1000 年生きても使い切れないくらいの資産(＊3) をもっている。これが極端に格差が拡大した現代の実態なのです。

## ■ 止まらない紛争

　このような理不尽な貧困や格差を背景にして、世界では紛争やテロが続いています。第１次世界大戦では 3000 万人が、第２次世界大戦では 5000 万人が戦死したといわれています。幸いなことに第３次世界大戦は起こっていませんが、実際は、第２次世界大戦後にも紛争や戦争で死んだ戦闘員や民間人の数は１億人を超えているのです。

◆切り倒された木々

　いまもアフガニスタンで、パレスチナで、イエメンで、中央アフリカで、シリアやイラクで、戦闘行為によって多くの人びとが死んでいます。また、最近台頭してきた「イスラム国（IS）」によるテロに代表されるように、一般市民が巻き込まれる事件が多発しているのはご存じの通りです。

## ■ 地球問題の３つの要因

　なぜ、環境破壊はひどくなり、貧困はなくならず、格差は拡大するばかりなのでしょう？　そして、なぜ紛争は止まらないのでしょう？

　原因はたくさんありますが、少なくともつぎの３つの要因に注目する必要があります。

　要因の１つ目は、世界の経済の様相が大きく変わったことです。

　世界の経済は、２つの側面をもっています。１つは、実際に生産物やサービスを売り買いする実体のある経済です。これを「実体経済」と呼びます。

　もう１つは、巨額の資金を株、債券、通貨、デリバティブ（金融派生商品）などに投資し、「売った・買った」で利ざや（差額）を儲ける実体のない経済です。これを「ギャンブル経済」と呼びます。たとえば、ある株を１株100円の安値で10億円分買い、120円で売れば、ただお金を動かしただけで２億円の大儲けができます。個人の資産家（投資家）の場合はこの程度ですが、機関投資家となると投資額も利益も桁はずれに大きくなります。

　「ギャンブル経済」の目的は、一にも、二にも金儲けです。そのために投資家は、国にも企業にも儲かる環境を要求します。この要求に、国も企業も逆らうことができません。逆らえば、投資家が保有している国債が売られてその国は経済破たんし、企業は株が売られて倒産するからです。タイの通貨バーツの暴落をきっかけに起こった1997年のアジア通貨危機を調べると、投資資金が一国の経済を破たんに追い込むほどの威力をもっていることがわ

＊1 Watson, Robert et al. eds. (1998) *The Regional Impacts of Climate Change: An Assessment of Vulnerability, A Special Report of IPCC Working Group II*, Cambridge University Press.
＊2 Oxfam (2016) "AN ECONOMY FOR THE 1%: How privilege and power in the economy drive extreme inequality and how this can be stopped", 210 *Oxfam Briefing Paper.*
＊3 1000 億円のお金を使い切るには、1 日 10 万円ずつ使っても約 2800 年かかる。

かります。

「ギャンブル経済」の膨張は、なりふり構わぬ経済成長と利益第一主義を強要します。そのため、環境を破壊しようが、武器を売ろうが、労働者の賃金を下げようが、児童労働を蔓延させようが、利益を上げるためには国も企業も経済成長路線を取らざるを得ないのです。現在、「ギャンブル経済」は、「実体経済」の 12 倍以上の規模にまで膨らんでいます（34 ページ参照）。

要因の 2 つ目は、国内外で「1% の、1% による、1% のための統治」が横行していることです。

「ギャンブル経済」を規制すればよいではないか、と思われるかもしれませんが、それは容易でありません。なぜなら、「ギャンブル経済」で利益を得ている 1% の人びとが、残りの 99% の人びとを犠牲にして自分たちに都合のよいルールや制度をつくり、世界を統治しているからです。この「1% の、1% による、1% のための統治」の是正が焦眉の課題になっています。

要因の 3 つ目は、地球問題を解決するためには巨額のお金が必要ですが、この手当てがつかないことです。

地球問題の解決には、ざっと年間 130 兆円以上の資金が必要ですが、現在のすべての政府開発援助（ODA）を足しても、18 兆円にしかなりません（20 ページ参照）。この状況では、解決のためのアイデアやプロジェクトがあっても、対策ができないのです。

つまり、①膨張したギャンブル経済、② 1% の、1% による、1% のための統治、③巨額の資金不足、これらを克服することなしに、地球問題の解決はあり得ません。これらを克服するカギとして注目されているのが、本書のテーマであるグローバル・タックスなのです。　　　　　　　（上村雄彦）

# 02

# 一瞬にして世界に
# 不幸をまき散らす金融危機

## ■ 世界恐慌の再来

　2008 年末、世界中で突然、大量の解雇と倒産の嵐が吹き荒れました。9
月、アメリカで大手投資銀行リーマン・ブラザーズが倒産し、いわゆる
「リーマン・ショック」と呼ばれる世界恐慌が起こりました。その影響を受
け日本でも、トップ企業であるトヨタ自動車が非正規従業員を大量解雇する
など「トヨタ・ショック」が起こり、多くの企業が派遣労働者の雇い止めを
したため、「派遣切り」が多発し、職を失った人びとのための「年越し派遣
村」（08 年 12 月 31 日）という運動も生まれました。

　歴史を振り返ると、資本主義経済では経済恐慌が何度も起こっていること
がわかります。1929 年 10 月に、後に「暗黒の木曜日」と呼ばれるアメリ
カのウォール街の株価大暴落からはじまった「世界大恐慌」は、その最大の
ものでした。アメリカの工業生産は半分に落ち込み、企業の倒産が続出し、
失業者は 1300 万人（失業率 25%）に達しました。その余波を受けたドイツ
の失業率はさらにひどく 40% に及んだといわれています。

　この世界大恐慌の経験に学んだ国際社会は第 2 次世界大戦後、各国政府
や国際機関の財政金融政策によって景気が極端に変動しないようにコント
ロールする知恵を身につけていきました。その結果、もう世界大恐慌の再来
はないと思われていましたが、2008 年 9 月、アメリカ発の未曾有の世界恐
慌が起こってしまったのです。

## ■ リーマン・ショックはなぜ、世界恐慌になったのか

　一体、リーマン・ショックは何がきっかけで発生し、アメリカの金融危機
がどうして世界恐慌にまで拡大してしまったのでしょうか。直接のきっかけ
は、アメリカでのサブプライムローンという低所得者向けの住宅ローンの破

たんでした。2000年代を通じてアメリカでは住宅価格の上昇が続いていました。住宅をもっているだけで資産が増えるとなると、ローンを組んででも不動産を購入し、値段が上がった時点で売却しようと考える人たちが多くなり、不動産市場は投機的様相を深めていきます。

この不動産ブームに、住宅を買う経済力のない階層の人たちが巻き込まれていきます。金融機関はこの人たちに、少し高めの金利をつけた住宅ローン（サブプライムローン）を勧め、その際、万一返済できなくなっても、住宅を売ればローンの返済が可能だという根拠のない話でたきつけたのです。

高めの金利に加えて、そもそも住宅を購入するだけの安定収入がない階層でしたから、しだいに返済が滞りはじめ、金融機関の経営が悪化する事態が起こりました。住宅価格の上昇が上げ止まると、住宅の担保価値が下がりだし、「担保割れ」が続出して不良貸付<sup>(*1)</sup>になっていったのです。

しかし、サブプライムローンの不良債権化だけが金融危機の原因ではありません。サブプライムローンの比率は、融資額全体から見ればそれほど大きくはありません。問題は、このサブプライムローンが証券化され、他のさまざまな証券と組み合わされて売買されていたことでした。あまりにも複雑な証券（金融商品）がつくられたために、元の割合がわからなくなるなど、証券全般に対する疑心暗鬼が起き、証券市場の相場全体が下落していきました。

証券市場に対する不安感や金融機関に対する不信が生まれると、企業間の信用取引、消費者向けのローンなども縮小していき、製造業、流通業などの実体経済にも影響があらわれました。お金が動かなければ、モノが売れない、モノがつくれない、工場が操業停止になり従業員が解雇される、ますますモノが売れないという悪循環に陥ります。サブプライム危機➡アメリカ金融危機➡世界金融危機➡世界恐慌という連鎖は、現代の世界経済が高度に複雑化した金融システムに覆われているために生じたのです。

◆日経平均株価の推移

| 2008 年 | | | | | | | | | | | |
|---|---|---|---|---|---|---|---|---|---|---|---|
| 1月 | 2月 | 3月 | 4月 | 5月 | 6月 | 7月 | 8月 | 9月 | 10月 | 11月 | 12月 |
| 13,592 | 13,603 | 12,525 | 13,849 | 14,338 | 13,481 | 13,376 | 13,072 | 11,259 | 8,576 | 8,512 | 8,859 |
| 2009 年 | | | | | | | | | | | |
| 1月 | 2月 | 3月 | 4月 | 5月 | 6月 | 7月 | 8月 | 9月 | 10月 | 11月 | 12月 |
| 7,994 | 7,994 | 8,109 | 8,828 | 9,522 | 9,958 | 10,356 | 10,492 | 10,133 | 10,034 | 9,345 | 10,546 |

出所：日本経済新聞社

## ■ 金融経済が実体経済を動かす

　1970 年代から世界経済に構造変化が起きてきます。実体経済を凌駕するほどまでに「ギャンブル経済」(10ページ参照) を主導する金融部門が猛烈に肥大化し、金融投機が起こりやすい環境ができ上がっていきました。実際、リーマン・ショックほどの規模ではありませんが、1997 年のアジア通貨危機をはじめとして、金融危機は何回も発生しており、国際経済全体に影響を及ぼす事態になっています。では、この金融部門の肥大化という世界経済の構造変化はどのようにして起こったのでしょうか。一般に 1970 年代、90 年代の 2 段階で進展したと考えられます。

　第 1 段階は、1971 年のニクソン・ショックがきっかけになります。第 2 次世界大戦後、世界経済のなかでアメリカは飛び抜けて強い地位を占めました。世界経済はアメリカを中心に回り、ドルは、古典的な世界通貨である金（ゴールド）との交換をアメリカが保証することによって、世界共通通貨としての信用を維持していました。しかし、1960 年代に入ると、各国の戦後の経済復興によってアメリカの経済的地位が相対的に低下し、ドルの信用を維持することがむずかしくなっていきました。

　1971 年、アメリカのニクソン大統領はドルと金との交換停止を宣言し、ドルの価値を維持する政策をやめてしまいました。それにも関わらず、ドルは世界共通通貨の役割を続けました。ドルに代わる世界共通通貨がなかったからです。それをいいことに、アメリカはドルの増発を続け、世界中にドルが必要以上に出回る事態になりました。これによって各国通貨のドルに対する交換比率（為替相場）がたえず変動し、投機的取引の様相をもつ時代に入ったのです。しかし、問題はドルの弱体化だけに留まりませんでした。1989 年、東西冷戦の終結という世界政治の変動と関連して、世界経済の構

造変化は第2段階に入ります。

　第2段階では、新興国・発展途上国の工業化の進展や、とりわけ多国籍企業の製造業分野の世界展開とともに、アメリカ経済のモノ離れが進み、金融業がアメリカ経済の基幹産業になっていきます。この転換の背景には、冷戦時代に軍事関連に投入されていた人材、技術、資源が金融部門に投入され、IT革命といわれる情報通信技術の驚異的な発展、金融工学の急速な発達がありました。

　この流れはアメリカだけに留まらず、イギリスをはじめとするヨーロッパやアジアの各国にも同様の傾向があらわれました。複雑な金融商品がつぎつぎと開発・販売され、世界中からお金を集め、運用して利益を上げるビジネスが横行していきます。

　リスクのある投機的取引をくり返し、高額の報酬を得るファンド・マネージャーの存在が脚光を浴びたりもしました。もともと投機的性格を免れない金融ビジネスが盛んになるにつれ、金融危機の危険性が高まり、その頂点が2008年のリーマン・ショックだったのです。

　リーマン・ショック以後、世界の主要20カ国が協調して対策を講じるG20という新しい枠組みがつくられました。G20によって矢継ぎ早に大規模な対策が講じられたために、世界金融危機はやがて解消に向かいました。

　リーマン・ショックを体験した世界では、あらためて投機を抑える金融規制についての議論が活発になり、銀行の自己資本規制など、いくつかの方法を打ち出しています。しかし、現状のシステムを温存したうえでの緩い規制策では、国際的な金融セクターは縮小することなく、危機を未然に防ぐことはできず、バブルをくり返し、金融危機を再発させることになるでしょう。

　国境を越えたグローバル金融市場を規制するには、国家を超えたグローバル・ガバナンスが必須なのです。　　　　　　　　　　　　　　（金子文夫）

**15**

# 03

# 富める人は富み、貧しい人はどんどん貧しくなる世界

## ■ 世界の富の8割を先進国が占有

　これまで世界の貧困問題は、先進国ではなく途上国側の解決すべき課題と考えられていました[*1]。実際、1990年には1日1.25ドル未満[*2]（1人当たり年間約5万5000円[*3]）で生活する極度の貧困層は、途上国人口の43.1%、19億人も占めていました。極度の貧困とは、食料・衣服・衛生・住居・教育など必要最低限の生活水準を満たすことができない貧しさを指します。25年前、当時の地球人口53.21億人のうち、3人に1人が明日の食事にも窮する貧しい人たちでした。

　19世紀以来、アフリカやアジアの国ぐには先進国の植民地にされ、ときには武力によって土地や資源を一方的に収奪され、経済的に自立できずにいました。

　第2次世界大戦後、旧植民地は相次いで独立を果たしましたが、貿易上不利な立場に立たされるなど、経済的には自立できない状況が続きました。たとえば、先進国に売り渡される原油価格は、1974年の第1次オイルショックが起きるまで、1バレル3ドル（バレル＝樽／1バレル＝159リットル）という超低価格でした（2014年7月までは超高値の1バレル100ドル強でしたが、2015年12月末現在では30ドル半ばへと急落しています）。

　一方、先進諸国はアメリカでもヨーロッパでも、戦後、積極的な経済成長政策を採用し、1970〜80年代にかけては成長率が落ちたものの、一貫して成長を続けてきました。日本も高度経済成長（1954〜73年）によって戦後の復興を遂げ、その結果、分厚い中間層が形成されました。このように1980年代までは、豊かな先進国と貧しい途上国という図式があり、世界人口の2割を占めるに過ぎない先進国が、世界のGDP[*4]の8割を所有していたのです。[*5]

## ■経済のグローバル化と国連ミレニアム宣言

1990 年代に入ると、世界は大きな変化を見せはじめます。経済のグローバル化がはじまり、ヒト、モノ、カネそして情報が国境を越え、地球規模で経済活動が展開される時代へと入ります。その結果、世界の経済が成長とともにいっそう世界規模で拡大し、工業生産地が先進国から中国やインド、ブラジルなどの新興国（BRICs）へ移行するようになりました。18 ページの表を見てください。1990 年から 2013 年にかけて、世界の GDP は 3.6 倍になっています。とりわけ中国は 26 倍にもなり、世界の GDP に占める割合も 1.8% から 13.43% とうなぎ上りに増え、工業化した新興国として台頭してきました。

しかし、経済のグローバル化によって、すべての途上国に経済成長がもたらされたわけではありません。冒頭でも述べたように、1990 年代には、地球人口の 3 人に 1 人が極度の貧困の状態に置かれていました。そこで国連は、2000 年に「ミレニアム（千年紀）総会」を開催し、21 世紀における国際社会の主要な課題として 8 つのミレニアム開発目標（MDGs、44 ページ参照）を決め、「2015 年までに極度の貧困・飢餓を半減（1990 年比）」することを第 1 目標として、「貧困からの解放」を宣言しました。

当時の国連の経済のグローバル化に対する考え方は、一言でいえば「（経済成長の）大きな機会を提供するグローバル化の時代を迎えているが、途上国はその恩恵を受けていない。世界レベルの政策や手段を通してグローバル化に参加できるようにすべきだ」（国連ミレニアム宣言より）というものでした。

その後、一部の途上国は新興国として工業化の道を歩み、貧しかったアフリカ諸国も資源価格の高騰などを背景に、著しい経済成長を遂げてきました。その結果、途上国の極度の貧困層は、1990 年の 19 億人から 2010 年の 12 億人へ（貧困率は 43.1% から 20.6% へ）と減少し、2015 年の達成期限

◆世界の GDP と中国の GDP の推移

単位：兆ドル

|  | 世界の GDP 総和 | 中国の GDP | 中国の GDP／世界の GDP |
|---|---|---|---|
| 1990 年 | 21.78 | 0.40 | 1.8% |
| 2000 年 | 33.18（1.5 倍） | 1.19（0.48 倍） | 3.6% |
| 2010 年 | 65.20（3.0 倍） | 5.95（14.9 倍） | 9.1% |
| 2013 年 | 77.30（3.6 倍） | 10.38（26 倍） | 13.43% |

＊（　　）内は、1990 年比　　出典：IMF - World Economic Outlook Databases

を待たずに MDGs の第 1 目標は達成されました。

## ■ 先進国で格差が拡大する理由

これらのデータからは国際社会が順調に貧困から脱け出しつつあるように見えます。しかし、貧困削減の多くは中国で起こったものでした。また、経済のグローバル化は、途上国の貧困という問題だけではなく、先進国をも蝕む事態を引き起こしているのです。

「新しいグローバル経済は、莫大な希望（たとえば貧困撲滅）をもたらすと同時に、同じく莫大な格差をもたらした」「21 世紀に入って 10 年以上たった現在、（引用者注：先進国で）消えたと思われていた富の格差は歴史的な記録に迫り、すでにそれを塗り替えたかもしれない」（トマ・ピケティ『21 世紀の資本』みすず書房、2014 年）という事態になってきています。そしてこの富の格差によって、先進国内でも分厚かった中間・中流層が分解され、貧困層へと落とし込まれています。

ピケティ教授は、「富の分配は、今日もっとも広く議論されて意見の分かれる問題のひとつだ。（中略）18 世紀以来、富と所得がどう推移してきたかについて、本当にわかっていることは何だろうか、そしてその知識から、今世紀についてのどんな教訓を引き出せるだろうか？」（同書）という問題意識から世界の研究者の共同作業によって、先進国および途上国の所得と資産（フローとストック[＊6]）に関して 200 年にわたる膨大なデータを収集し、分析した結果をつぎのように要約しています。

① この数十年間で所得と資産（富）の多くを集めたのは最上位 1% であり、アメリカではそれらが現在、所得の 20%、資産の 30% を占めている（The world top incomes database 参照）。

② 不動産や株などの資産の収益率が一般の人びとの給料アップ率（経済成

＊1 世界の貧困に関するデータ（世界銀行）
〈http://www.worldbank.org/ja/news/feature/2014/01/08/open-data-poverty〉
＊2 世界銀行は、2015年10月から国際貧困ラインを1日1.90ドルと設定している。
＊3 本書では1ドル＝120円で換算する。
＊4 GDP：国内総生産＝1年間に新しく生み出された生産物やサービスの総額
＊5 2013年、先進国のGDPのシェアははじめて5割を下回っている。
＊6 フローとストック：所得＝ある期間内（ふつうは1年間）の給与などの収入。資産＝ある時点で所有されている不動産や株などの金融資産の総量。

長率に連動する）をつねに上回っている（不等式 r＞g。コラム①参照）から、こうした事態を放っておくと格差社会になっていく。

③先進国は分厚い中間層があったはずだが、それは20世紀の戦争による富裕層の疲弊と戦後の税制改革（超累進的な課税率）によって所得の再分配が実現したからである。しかし、この数十年間は富裕層への課税がどんどん緩くなり、いままた格差拡大が進んでいる。

先進国でも進む格差や貧困について、その歴史的な経過と理論を明確に分析・解明した点で、ピケティ理論は画期的といえるでしょう。

## ■ 日本でも進む格差拡大と貧困

アメリカでは最上位1％の高額所得者が全所得の20％を占有していますが、日本の最上位1％は全所得の9％しか占めていません。そのため、「豊かな者がよりいっそう豊かになる」という図式はいっけん、日本では当てはまらないように見えますが、上位10％の高額所得者で見ると全所得の40％強を占有しています。これはアメリカやイギリスに次いで3番目の占有率です。

問題は格差による生活の実態です。日本では、生活保護受給者や非正規雇用が増大し、「相対的貧困率」（その国のすべての所得の真ん中のさらに半分を下回っている人の割合）は、2012年時点で16.1％を記録しています。さらに子どもの貧困率は16.3％、ひとり親家庭の貧困率は54.6％に上っています。これは過去最悪の数字で、とりわけ、ひとり親家庭の貧困率はOECD（経済開発協力機構）34カ国の先進国中で最悪の水準です。

こうした格差と貧困の増大に対する対策として『21世紀の資本』では、「理想的なツールは資本（引用者注：所得と資産）に対する世界的な累進課税」が必要と提案しています。貧困問題は、途上国だけが解決すべき課題なのではなく、地球社会全体でとりくんでいかなくてはならないのです。　　（田中徹二）

# 04

# ODAでは
# 地球の問題は解決できない

## ■ 南北格差を解消するための ODA

「お金持ちになるのは一生懸命働いたからであり、貧乏になるのはなまけているからだ。すべては本人の責任だ」と言って済ませるわけにはいきません。貧困状態に陥るのは、失業、本人や家族の病気・障害、事故や自然災害など、本人の心がけだけでは避けられない事情が多くあるからです。

現代社会は、原則的に累進課税制度をとっています。よりお金をもっている人から、より高率の税金を徴収し、これを社会保障費などに充てています。

富のある人からより多く税金をとり、貧しい人たちへ富を移転することを「所得再分配」といい、極端な社会的格差を縮め、社会が全体として安定していくしくみとして機能しています。貧富の差があまりに拡大すると、人びとの不満が高まり、社会不安や犯罪が誘発されます。

同じように、国家間にも経済格差があります。第2次世界大戦後、世界各地にあった植民地はつぎつぎと独立しましたが、かつて植民地であったという負のしがらみからなかなか抜け出せませんでした。戦後の高度経済成長を実現した先進国との経済格差は拡大し、「南北問題」として、国際社会の大きな問題として対策が急がれていました。

この南北の格差を放置しておくと、紛争や戦争、経済摩擦の原因になってしまいます。その結果、国際社会全体が不安定になることは、先進国にとって好ましくないという考え方が優勢になり、1964年に、国連貿易開発会議（UNCTAD）という国際機関がつくられ、途上国の開発問題を討議する場になりました。経済開発のためのしくみとして、公正な貿易の制度、民間資金の移動促進、政府資金の活用など、さまざまな手法が検討されましたが、開発援助の中心軸として採用されたのが、政府開発援助（ODA）でした。

ODAには、二国間（たとえば日本からインドネシアへ）のものと、国際

機関（たとえばアジア開発銀行）を通じるものとがあり、また無償資金（贈与）、有償資金（貸付）、技術協力などの種類があります。いずれにせよ、先進国政府が基本的には税金を使って実施する方式なので、受入国にとって有利な制度であり、仮に貸付であっても低利、長期の資金が提供されます。

## ■ 世界の ODA はどうなっているのか

1973 年に石油危機が起こると資源・エネルギー問題がクローズアップされ、途上国の先進国に対する発言力が強くなっていきます。国際社会では、途上国側から、先進国は国民所得の 0.7% を ODA として提供すべきだとする主張がなされ、先進国もその目標に合意しました。

1970 年代から ODA は全体として増えてきていますが（22 ページ図参照）、世界経済が拡大していくと、途上国での社会インフラなどの必要額も膨張し、量的に十分とは言えない状況が続いています。そのうえ、国際公約である国民所得比 0.7% の目標が達成されていません。スウェーデン、ノルウェー、デンマークなどの北欧諸国は目標を達成していますが、援助額の多いアメリカ、イギリス、日本などは一度も達成できていません。2013 年のデータによると、援助国グループ全体で国民所得比 0.30%、最大の援助国アメリカは 0.18%、日本もまた 0.23% という低い水準に留まっています。

ODA を受ける国は、貧しい国の多いサハラ以南のアフリカが 41% ともっとも多く、以下、アジア 30%、中東・北アフリカ 14%、中南米 10%、欧州 3%、大洋州 3% の順となっています（2013 年）。

使い道としては、社会インフラ（教育、保健、上下水道など）が 40% と最大で、以下、経済インフラ（輸送、通信、電力など）17%、プログラム援助（債務救済、行政経費など）16%、工業など生産分野（鉱業、環境など）12%、緊急援助（人道支援、食糧援助など）10%、農業分野（農業、林業、

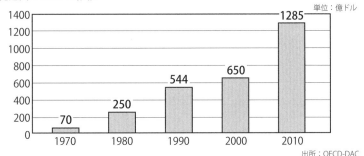

◆先進国の ODA の推移

単位：億ドル

（グラフ：1970年 70、1980年 250、1990年 544、2000年 650、2010年 1285）

出所：OECD-DAC

漁業など）6% の順になります。

　この数字からは、貧しいサハラ以南のアフリカを中心に教育・保健・上下水道など民生分野に優先的に使われているように見えますが、はたして有効に使われているのでしょうか。

## ■ ODA が効果を発揮しない理由

　ODA は経済格差の解消を大きな目的としていますが、現実には格差はいっこうに縮まらず、むしろ拡大の原因になっている例もあります。それは、ODA が先進国の都合で実施され、受入国の人びとの要望に沿ったしくみになっていないからです。

　第 1 に、ODA の実施主体は先進国の政府ですから、その国の国益が優先されます。

　たとえば、アメリカの援助政策では、安全保障戦略の観点から援助先を決めていく傾向があります。かつては中東政策の拠点であったエジプトとイスラエルに ODA を集中的に投入していました。最近では、軍事的関与を深めたアフガニスタン、イラク、パキスタンなどに重点を置いています。けっして最貧国を優先しているわけではありません。

　一方、イギリスやフランスなどは、かつて植民地としていた国ぐにを優先する傾向があります。歴史的経緯から現在も関係が密接で、その影響力を維持していくために ODA を利用しているのです。日本の場合は、東南アジア諸国に ODA が集中する傾向がありますが、これは日本企業の進出先として重要な地域であるためです。

　第 2 に、ODA は先進国の財政事情に左右されます。

　日本の ODA 事情を考えてみましょう。政府の財政に余裕があった 1980 年代後半から 90 年代前半にかけて、日本の ODA は大きく伸びていきました。

1985 年に 38 億ドルであったのが、95 年には 145 億ドルへと増えています。先進国のなかで日本の伸びは際立っていて、90 年代にはアメリカを抜いて世界第 1 位の援助大国になったのです。ところが、政府の財政に赤字がかさむようになると、日本の ODA は停滞し、06 年以降は世界第 3 〜 5 位に後退しています。日本の ODA を受け入れている途上国から見れば、ODA は援助額に継続性がなく、将来の予測が立たない不安定なものということになります。

　第 3 に、ODA と言っても民間企業、とくに多国籍企業の経済活動のなかに深く組み込まれているという実態があります。

　援助ビジネスという言葉がありますが、政府の資金を利用してモノやサービスを提供するのは主に民間企業であり、目的は利益の追求です。実際に ODA が企画・実行されていくプロセスでは、コンサルタント企業をはじめとするさまざまな企業が活動しています。そのため、現地の実情にそぐわないハイテクな装置や過大な施設をつくるなど、無駄な事業を施行するケースが少なくないのです。

　たとえば、日本の ODA でタイに農業訓練センターを創設したケースでは、農業指導用のトラクターが大き過ぎたり、木工加工用の機械があまりに高度な機器であったりと、現地で使いこなせなかったといわれます。そればかりか、大規模なダム建設によって多くの住民が居住地を立ち退かざるを得なくなった、といったケースすらあるのです。

　もちろん、ODA が貧困問題、環境問題など、地球規模の課題へのとりくみのうえで一定の役割を果たしてきたことは明らかです。しかし、現状のままでは資金が足りず、また先進国の国益、財政事情、民間企業の動向に大きく左右されるため、受入国側から見れば、将来の予測、継続性などの点で不安定な面を免れません。そこで、国の枠を超えるグローバルな課税制度が注目されるようになったのです。　　　　　　　　　　　　　　　（金子文夫）

# トマ・ピケティの『21世紀の資本』と「グローバル資本税」

　『21世紀の資本』は、15年間にも及ぶ調査により、3世紀にわたる20カ国以上の税務統計データを収集分析し、国際的な富の集中と格差の拡大の状況やその原因を明らかにしました。

　有名な不等式「r＞g」（経済成長率＞資本収益率）を示し、配当や利子、賃料など資本から得られる年間の収益率が、所得や純生産などの増加率で表される経済成長率を上回ることを歴史的に検証しています。その結果、富の集中や格差の拡大の原因が、資本の無制限な蓄積にあることを解明しました。

　ピケティは、このような進行する資本蓄積による格差の拡大の解決策として、世界各国が協調して「資本」に対して累進的な課税をおこなう「グローバル資本税 (Global Tax on Capital)」の導入を提言しています。具体的には、個人が保有する資産の市場価値の合計額から負債の合計額を差し引いた純資産額に対して累進税率を適用して、毎年課税をおこなうというものです。これは従来から各国が資産課税の一環として導入してきた富裕税を、国内外の資産を課税対象にして国際社会で導入しようとする構想です。

　「グローバル資本税」は、納税者の国内純資産はもちろん、国外純資産も課税の対象にします。その際、ピケティは、「グローバル資本税」導入にあたっては、国境を越えた経済活動による資金の流れや資産状況について各国が情報収集し、自動的に交換し合うシステムの構築の重要性を指摘しています。

　そのような世界各国の協調により、国内外の純資産額を正確に把握し累進的に課税することで、国際的な富の再分配と資産格差の是正を図ることができます。

　また、ピケティは、「グローバル資本税」の目的として、「資本主義経済のコントロール」をあげています。すなわち、資本蓄積による格差の抑止に加え、金融危機の回避のため国際的金融システムを規制するという考え方を示しています。その意味で、「グローバル資本税」も通貨取引税や金融取引税と同様に、グローバル化の負の影響を抑制する新しいグローバル・タックス構想の1つといえます（諸富徹「ピケティの『グローバル富裕税』論」現代思想、42巻17号114ページ、2014年参照）。　　　　　　　　　　　　（望月　爾）

# 第2章
# 世界のお金が1%に集中するしくみ

# 05

# 世界経済が
# 資本主義的市場原理で
# 一体化すると……

## ■ グローバル化の原動力は多国籍企業

　『80日間世界一周』は、1872年にフランスの作家ジュール・ヴェルヌが発表した小説で、当時普及しつつあった蒸気船と鉄道を使い、80日かけて世界を一周する冒険小説です。いまでは、飛行機を使えば24時間ほどで世界一周ができます。交通手段の飛躍的発達とインターネットの普及による情報伝達の高速化が地球を「狭く」していることを思い知らされます。

　1991年12月のソ連（ソビエト社会主義共和国連邦）崩壊は、第2次世界大戦後の、アメリカを中心とする資本主義陣営とソ連を中心とする社会主義陣営が対峙する冷戦構造が、半世紀の歴史を経て幕を閉じた瞬間でした。世界は、そこから急速な勢いで一体化（グローバル化）していきます。グローバル化にはいくつもの領域がありますが、物理的な距離を圧縮する意味でも、交通・通信網の高度化は、グローバル化の基盤です。そのうえに、世界経済が資本主義的市場原理で一本化されていきます。それまで国境で隔てられていたヒト、モノ、カネの移動を容易にし、あたかも世界が1つの経済圏になったかのように再編成されていく潮流が形成されました。1995年のWTO（世界貿易機関）の発足は、その象徴的なできごとでした。

　経済のグローバル化の主役は多国籍企業です。進出を計画する国や地域のさまざまな要素——労働力、資金、技術、材料・部品調達、市場、インフラ、税制、治安など——を検討して、もっとも効率的に利益を最大化するように事業を展開していきます。少しでも賃金の安い地域で生産する、少しでも安く部品を調達する、少しでも低利の資金を集める、少しでも納める税金を少なくする、できれば納めないことにする、このような原則を掲げて国を超えた企業活動を展開するのです。この実現のために、各国政府や国際機関に、企業にとって有利な制度づくりを働きかけたりもします。

　グローバル化を理解するには、国際的な経済関係から分析するだけでは不十分です。グローバル化によって資本主義的市場原理がすべてに優先するという「新自由主義」の思想が影響力を拡大して、途上国、先進国のいずれでも国の形が変容している点に注目すべきです。

　「新自由主義」は、市場原理主義とも呼ばれますが、政策の主軸は「小さな政府」の実現です。政府の役割を限りなく限定し、社会福祉、医療、教育などへの支出を削減し、一方で大企業や富裕層に減税を実施して、政府の財政規模を縮小していきます。1981年にアメリカ大統領となったロナルド・レーガンが「小さな政府」を掲げて、規制緩和の徹底、富裕層に対する減税、福祉・教育予算削減などをおこないました。西ヨーロッパ、日本などの先進国でも「新自由主義」の政策が採用されていきます。

　冷戦時代には、富裕層から税金をとって貧困層に回す所得再分配のしくみが重視され、福祉国家の形成が目標とされていましたが、冷戦終結後には福祉の切り捨てが進み、現在では、公的部門であるべき教育、医療などの領域にも民営化の波が押し寄せています。

　所得再分配のしくみの弱体化は、国家間でも起こっています。富裕国の富を貧困国に回す政府開発援助（ODA）は、いまだに十分な資金を確保できないままです。途上国の開発を促す国際通貨基金（IMF）、世界銀行などの国際機関は、市場原理に基づいて資金を貸し付け、その貸付条件として途上国の経済自由化を促進する「構造調整政策」(*1)を強要しています。

## ■ グローバル化による世界の変化

　冷戦終結以前から、世界市場を統合し、経済成長を推進しようとする動きは存在していました。しかし、社会主義圏、発展途上国などの多様な経済システムのあり方が世界経済の一体化にブレーキをかけていたのです。

◆世界の富裕国と貧困国

単位：ドル

| | 1980 年 | | | | 2013 年 | | | |
|---|---|---|---|---|---|---|---|---|
| 順位 | 富裕国 | 1人当り GNI | 貧困国 | 1人当り GNI | 富裕国 | 1人当り GNI | 貧困国 | 1人当り GNI |
| 1 | サウジアラビア | 25,880 | ネパール | 140 | オーストラリア | 65,520 | マラウイ | 270 |
| 2 | オランダ | 13,920 | マラウイ | 190 | アメリカ | 53,670 | コンゴ民主共和国 | 400 |
| 3 | ベルギー | 13,730 | バングラディシュ | 220 | カナダ | 52,200 | ニジェール | 410 |
| 4 | アメリカ | 13,410 | 中国 | 220 | オランダ | 47,440 | マダガスカル | 440 |
| 5 | フランス | 12,830 | マリ | 260 | 日本 | 46,140 | エチオピア | 470 |

＊人口 1000 万人以上の国　　出所：世界銀行データベース

　冷戦終結以降、世界経済の一体化は、ヒト・モノ・カネ・情報の国境を越えた大量移動からはじまりました。とりわけジャンボジェット機の導入、大型空港の整備など、航空輸送の発達により、ビジネス、観光、出稼ぎなど、さまざまな目的によるヒトの移動が急増しました。世界の民間航空旅客輸送量は、1991 年の 1.8 兆人キロメートルから、2000 年の 3.0 兆人キロメートル、2010 年には 4.8 兆人キロメートルへと増加しました。

　また、世界貿易（輸出）規模は、1990 年の 3.4 兆ドルから 2000 年の 6.1 兆ドル、10 年には 15.1 兆ドルへと拡大し、世界の GDP（国内総生産）は、1990 年の 22.7 兆ドルから 2000 年の 31.4 兆ドル、10 年には 63.1 兆ドルへと拡大しました。

　情報流通の増大も著しく、1990 年代に民生利用が本格的に開始されたインターネットの、世界の利用者数は 1997 年の 9000 万人から 2000 年には 3.5 億人、2010 年には 20.2 億人へと急増しています。

　アメリカをはじめとする先進国の経済は、1971 年のニクソン・ショック（ドルの金との交換停止）と 1973 年の石油危機を契機に、成長率低下、ポスト工業化へと向かいました。先進国の経済の重心は実体経済から金融経済へと移行し、肥大化した金融セクターは世界経済を覆っていきました。1990 年代に入ると、IT 革命によりコンピューターネットワークが発達し、世界各国の金融市場の開放・自由化がなされました。その結果、金融セクターがネットワークでカバーされるようになり、世界の通貨取引量は 1992 年の 200 兆ドルから 2010 年の 1000 兆ドルまで急膨張したのです。

## ■ グローバル化のマイナスの側面

　金融セクターや世界経済のグローバル化は、世界全体の富の総量を増やした一方で、マイナスな側面も生み出しています。

＊1　構造調整政策：途上国の経済が市場原理に応じて効率的に運営されていくように、一方では財政収支の均衡（増税、公務員削減、補助金カットなど）、貿易収支の均衡（為替切下げ、輸出促進など）を促し、他方では規制緩和、労働市場や金融市場の自由化を進める政策。途上国経済の実態を無視した強引な政策が押し付けられ、結果として途上国の民衆は、物価上昇、失業などの不利益に苦しむことになる。

＊2　世界銀行の定義に従って、所得水準別の平均値を調べてみると、2002 年には高所得国 2 万 6310 ドル、低所得国 430 ドルであったのが、13 年には高所得国 3 万 9312 ドル、低所得国 664 ドルで依然として大きな所得格差があることがわかる。

　第 1 に、世界的に格差の拡大が留まることなく進行しています。28 ページの表を見てください。オランダやベルギー、アメリカなどの世界の主な富裕国は、1 人当たり GNI（国民総所得）が 1980 年には 1 万 3000 ドル程度でしたが、2013 年にはオーストラリア、アメリカ、カナダは 5 万ドル超まで増えています。他方、ネパール、マラウイなどの主な貧困国は 1980 年に 200 ドル前後だったのが、2013 年には 400 ドル程度にしか増えていません。[＊2]

　所得の格差は国家間の問題だけではなく、高所得国のアメリカや日本では国内でも急速に拡大しています。労働市場のグローバル化の影響を受けて、世界的に非正規雇用の割合が増え続けていることがその要因の 1 つです。他方、1990 年代から高度経済成長を続けた中国では、1 人当たり国民総所得は 1980 年の 220 ドルが 2013 年には 6560 ドルへと増加し中所得国に入りましたが、国内の所得格差はすさまじく、ジニ係数（所得分配の不平等さを測る指標）はいつ暴動が起こってもおかしくない水準まで悪化しているという指摘もあります。

　第 2 に、世界経済のグローバル化によって地球環境問題も深刻さの度合いを強めています。大量生産・大量消費によって豊かさを獲得してきた先進国、その後を追う途上国は、ともに経済成長を目標に掲げ、化石燃料への依存を減らすことができず、温暖化を食い止められる二酸化炭素の排出限界を超えようとしています。その先には、異常気象、地球生態系の激変といった厳しい事態が待ち受けています（8 ページ参照）。

　第 3 に、金融危機と実体経済の破壊がくり返されています。過剰なマネーが世界中を瞬時に移動し、投機的性格を濃くしています。バブルの発生と崩壊が頻発し、そのたびに生産の縮小、失業の増大が引き起こされているのです。

　これらが世界経済の一体化の帰結なのです。　　　　　　　　　（金子文夫）

# 06

# 地球上のおカネと
# 資源をむさぼる多国籍企業

## ■多国籍企業って何？

　国境を越えて地球規模で事業活動をおこなっている巨大企業のことを、多国籍企業、超国家企業、グローバル企業などと呼んでいますが、厳密な定義はありません。だいたい5カ国以上に子会社を設置している大企業が多国籍企業と考えられ、大企業でも2、3カ国にしか進出していない場合や、中小企業は除外されます。

　アメリカの「フォーチュン」誌では、毎年、売上高上位500社のリストを発表しています （32ページ表参照）。そこには誰もが知っている多国籍企業が名前を連ねています。2014年は、第1位がウォルマート、第2位がロイヤル・ダッチ・シェル、第3位が中国石油化工集団で、上位10社は石油・電力などの資源・エネルギー関係が多数を占め、また中国企業が3社もランク入りしています。巨大多国籍企業の年間総収入は4000億ドルにも達し、タイやマレーシアのGNP（国民総生産額）を上回るほどです。

　多国籍企業の形成、発展は、大きく3つの時期に分けられます。

　①**20世紀半ば**：石油をはじめとする資源・エネルギー関連分野の大企業の多国籍企業化。石油や鉱物は地球上に偏在しているため探索・採掘には高度の技術、巨大な資本を必要とします。早い段階から国境を越えて資本を動かす大企業（石油メジャー）が成長していきました。

　②**20世紀後半**：製造業分野の大企業の多国籍企業化。第2次世界大戦後、植民地から独立した途上国は、外国企業を招き入れることで資金と技術を確保し、経済成長を促進する政策を採用しました。税金を安くする、インフラを整備する、安い労働力を提供するなど、さまざまな外国企業誘致政策を打ち出します。一方、先進国の大企業では、賃金上昇や厳しい環境規制などから、工場の海外移転などを含む国際展開を考えるようになります。途上国政

府と大企業の思惑が一致し、1960年代から労働力を多く必要とする繊維産業、電機産業からはじまり、自動車産業、化学産業などあらゆる方面の製造業の海外移転が活発になっていきます。

③**20世紀末**：金融・IT産業関連の大企業の多国籍企業化。情報通信技術の発達、金融市場の一体化に対応して、世界の至るところに拠点を構えていきます。

## ■ 多国籍企業は国家の枠組みをも超える

世界には多数の国家があり、国に応じて法律や規則も多種多様です。労働法制や環境規制、食品に関する規制などもさまざまです。

しかし、多国籍企業のパワーは増大の一途をたどり、国家の枠を超えて利益を追求していきます。たとえば、国民の健康のために一定量以上の砂糖を含む清涼飲料の販売を規制する国は、世界中でその飲料を製造している飲料メーカーにとっては「目の上のタンコブ」でしょう。自分の会社の利益のために、「砂糖が健康に必要なものである」などと、国際学会でキャンペーンを展開するかもしれません。

そればかりか、多国籍企業は大きな政治力をもっているので、関係国政府の要人や政治家、国際機関に働きかけて企業活動を妨害するような国内規制を撤廃させ、都合のよいルールをつくれと要求します。その一例が、TPP（環太平洋パートナーシップ）協定のなかの通称「毒素条約」（投資家保護条項=ISD条項）と呼ばれる条項です。多国籍企業が投資している国の法律や制度が変更されたことによって企業が不利益を被った際には、その国を国際投資紛争仲裁センターに訴えることで投資家を保護するという条項が盛り込まれています。

競争力のある多国籍企業がますます繁栄し、競争力の弱い国内産業や企業

## ◆多国籍企業番付表

| | 企　業 | 国 | 業　種 | 総収入 (億ドル) | 総資産 (億ドル) |
|---|---|---|---|---|---|
| 1 | ウォルマート | アメリカ | 商業 | 4763 | 2048 |
| 2 | ロイヤル・ダッチ・シェル | オランダ | 石油 | 4596 | 3575 |
| 3 | 中国石油化工集団 | 中国 | 石油 | 4572 | 3530 |
| 4 | 中国石油天然気集団 | 中国 | 石油 | 4320 | 6207 |
| 5 | エクソン・モービル | アメリカ | 石油 | 4077 | 3468 |
| 6 | BP | イギリス | 石油 | 3962 | 3057 |
| 7 | 国家電網 | 中国 | 電力 | 3334 | 4245 |
| 8 | フォルクスワーゲン | ドイツ | 自動車 | 2615 | 4469 |
| 9 | トヨタ自動車 | 日本 | 自動車 | 2565 | 4024 |
| 10 | グレンコア | スイス | 鉱業・商業 | 2327 | 1549 |

出所：Fortune Website, Fortune Global 500, 2014

は苦境に陥ることになります。そればかりか、多国籍企業の利益を保護するために国の独立性までもがおびやかされる危険があります。

　多国籍企業は巨大な資本を動かしますので、進出国の経済成長に寄与する面もあります。直営工場や契約工場が稼働すれば大きな雇用が生まれます。しかし、国際社会のルールに反する企業行動も少なくありません。たとえば、1984 年にアメリカのユニオンカーバイド社は、インドのボパールにある化学工場で爆発事故を起こし、有毒ガスによって約 2 万人の死者を出しました。ずさんな安全管理が原因とみられますが、本社は責任を現地の従業員に押しつけ、証拠の隠滅までおこないました。途上国の安全基準、環境基準の低さを利用した事故や環境汚染は跡を絶ちません。

　労働問題についても、国際労働基準（ILO 条約）違反の事例はこと欠きません。たとえば、トヨタ自動車のフィリピンの子会社では、従業員が労働組合を組織したところ、会社側がこれを妨害し、組合員 233 名を無断欠勤したなどの理由で強引に解雇しました。その裁判が長期化するなかで、国際労働機関（ILO）は、組合側の主張を支持する立場から是正勧告を発しました。

　また、スポーツ用品の世界的なブランドであるナイキ社は、インドネシアなどの工場で、児童を含めた労働者を過酷な労働条件で雇っていたことが告発され、アメリカやヨーロッパでは消費者の不買運動が起こり、ナイキ社は労働環境の改善を約束しました。

　近年、製造業の分野では、現地の子会社工場による生産をおこなわず、その国の企業の工場に発注する委託契約方式が広まっています。iPhone で有名なアップル社は、台湾の大手メーカー、ホンハイ社の中国工場などに生産を委託しています。ホンハイ社自体、従業員数 100 万人を擁する巨大企業ですが、過酷な労働条件から自殺者が続出する事態が生じています。自分の工場をもたず、発注するだけといっても、納品価格、納品期限などを指定す

る発注企業として、アップル社は無関係というわけにはいかないでしょう。

　さらに問題なのは、多国籍企業が国内外で直営工場、委託契約工場を一方的に移転することから生じる社会問題です。本国で操業していた工場が海外に移転すると、自社の従業員はもちろん、下請け企業の労働者も仕事を失います。また、海外の直営工場や委託契約工場での人件費（賃金）が上昇し、納品価格が割高になると、もっと有利な国に工場を移転させるため、ここでも失業問題が起こります。「渡り鳥企業」といわれるほど転々と工場を移していく多国籍企業の行動は、至るところで失業問題を引き起こしています。

## ■ 国際ルールで多国籍企業を規制する

　多国籍企業が、進出先の国や国際社会のルールを守るのは当然のことです。労働に関しては、ILO が、強制労働、児童労働、雇用差別待遇の廃止などをはじめ、世界共通の労働基準（国際労働基準）を設けています。しかし、国際労働基準（ILO 条約）を批准していない国では、多国籍企業が思うがままに振る舞っています。直営の工場では基準を守っていても、発注先の下請け企業には厳しい納品期限や価格を押しつけ、基準違反をせざるを得ないような事態を強いているケースがしばしば見受けられます。

　1970 年代には多国籍企業の不当な行動を規制するために OECD 多国籍企業行動指針が制定されました。この指針には労働基準、環境基準などの項目が盛り込まれ、多国籍企業がこのルールに違反した場合には、関係する市民組織や労働組合が、多国籍企業本社のある政府に是正を申し立てることができます。何回もの改訂を経て、多国籍企業の責任範囲が直系の子会社から製造委託する先の工場まで広がり、ルールに反する企業と取引することも責任追及の範囲に入るようになっています。さまざまな運動の成果ですが、さらに多国籍企業の活動に対して規制を高めていくことが必要です。（金子文夫）

# 07

# 実体経済の数十倍にも
# 膨れ上がった
# お金の売り買い

## ■ バーチャル経済って何？

　モノを生産したり輸送したり、またサービスを提供したりする経済活動の
ことを通常、実需経済（または実体経済）と呼びます。実需経済を円滑に進
めるための「経済の血液」といわれるのがお金です。金融とは、お金が余っ
ているところから足りないところへ融通することで、その役割を担っている
のが銀行です。銀行は市中から預金などの形でお金を集め、それを原資とし
て、資金を必要としている企業や市民に対して、貸出しをおこないます。企
業の生産ラインの拡大、新商品の開発、賃金の支払い、あるいは市民の教育
費や住宅の取得などに使われるお金を融通する金融は、「実需」が健全に動
くために、なくてはならない役割をもち、決してバーチャル（仮想現実）な
ものではありません。

　ところが、経済がグローバル化するにつれて、金融の規模が「実需経済」よ
りはるかに巨大化し、「実需」を補完する本来の役割から「実需」を左右して
しまう存在になってきました。金融が資本主義経済の推進力になっていること
から「金融資本主義」とも呼ばれるようになっています。巨大な存在になった
金融資本は、札束が山のように実在するのではなく、コンピューター内の数字
となって存在していることから、バーチャル経済とも呼ばれています。

## ■ 金融分野が異常に肥大化したグローバル経済

　世界経済の実態を見てみると、「実需」を表す世界のGDP（国内総生産）[*1]
総額は、1990年の20.8兆ドルから2013年には75.4兆ドルへと3.6倍に増
加しました。もう1つの「実需」である世界貿易（商品とサービス輸出）は、
1990年の4.25兆ドルから2013年には22.98兆ドルへと5.4倍増加しており、
国内より国境を越える経済活動の方の伸びが大きいことを示しています。さら

に、外国に工場を建てるなどの直接投資も 2013 年で 1.4 兆ドルに上っており、経済のグローバル化はたしかに世界経済を成長させてきました。

さて、日本の企業がアメリカの企業からモノを買う（輸入する）とき、支払いはドルでおこないます。これをドル建て決済といいますが、国境をまたぐ取引には自国の通貨ではなく相手国の通貨が必要になります。そこで海外企業と取引する際は、相手国の通貨を買っておかなければなりません。このような通貨の売買を外国為替取引、あるいは通貨取引と呼んでいます。

ところが、外国為替市場では通貨取引の規模が「実需」以上に拡大していきます。1 年間の世界の外国為替取引量は、1989 年には約 142 兆ドルでしたが、2013 年には 1283 兆ドルと約 9 倍も膨張しています（36 ページ図参照）。これを 1 日当たりの取引に直すと 5.345 兆ドル（約 641 兆円）で、世界のGDP は外国為替取引の 14 日分、貿易額ではわずか 4 日分にしか過ぎません。いかに外国為替取引額が莫大であるかがわかります。

この莫大な金融取引は、大きく 2 つの用途に分けられます。

1 つ目の用途は、国際貿易と国外への直接投資です。しかし、国境をまたぐこれらの経済活動の「実需」は、外国為替取引量の数 % にしか過ぎません。

2 つ目の用途は、金融そのものの取引のために使います。これが大部分ですが、金融商品を買うための投機取引で、お金でお金を買って利益を上げるビジネスです。たとえば、円でドルを買うとします。100 円で 1 ドルを買い、1 ドルが 120 円とドル高（円安）になったときに売れば、20 円の差額が儲かります。通貨の売買の他、金融商品には、外国の株式、国・社債、デリバティブ（金融派生商品）そして原油や穀物などの商品取引などがあります。金融取引の内、「実需」は全取引量の 1 〜 2 割で、残りが投機取引なのです。

この莫大なお金を扱っているのは誰でしょうか？　銀行であり、また各種

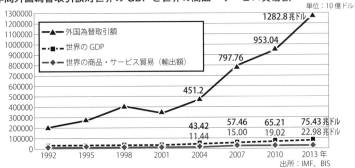

◆年間外国為替取引額対世界の GDP と世界の商品・サービス貿易額

単位：10 億ドル

凡例：
- ▲ 外国為替取引額
- ■ 世界の GDP
- ◆ 世界の商品・サービス貿易（輸出額）

1282.8 兆ドル
953.04
797.76
451.2
75.43 兆ドル
65.21
57.46
43.42
22.98 兆ドル
19.02
15.00
11.44

1992　1995　1998　2001　2004　2007　2010　2013 年

出所：IMF、BIS

のファンド（基金）、証券会社、投資信託などの金融機関です。短期の売買を
くり返して、利益を上げようとする行為を投機といいますが、投機的度合い
が強いのは、いわゆるヘッジファンドと呼ばれる投資ファンドです。ヘッジ
ファンドは富裕層や機関投資家（大口の投資家）などから資金を集め、ハイ
リスク・ハイリターン型の投資をおこないます。日本の為替レート（円の値
段）や株などもヘッジファンドが主導しているといっても過言ではありませ
ん。

## ■バーチャル経済が引き起こす3つの問題

　肥大化し過ぎたバーチャル経済は、つぎのような3つの大きな問題を抱
えています。

　①世界的な金融危機の問題：2008 年に起きたリーマン・ショックに端を発
した金融危機が典型的です。この原因は、住宅バブルに乗じてサブプライムと
いう信用度の低い住宅ローンを組み込んださまざまな金融商品を乱発し、それ
を全世界にばらまいた結果ですが、一種の金融バブルの破たんでした。金融資
本主義は金融バブルを引き起こし、たびたび経済危機をもたらしています。

　②食料・エネルギー危機の問題：2007 年、アメリカ内で住宅ローンや株
に投資されていた莫大な資金が、穀物や原油の市場にいっせいに流れ込むと
いう現象が起こりました。その結果、あっという間に穀物価格や原油価格が
暴騰しました。2000 年代はじめの価格と 2008 年の価格を比較すると、小
麦が4倍、コメが 4.7 倍、原油が4倍にもなりました。この結果、たとえば
最貧国の1つである中米のハイチでは、小麦などに塩分を含んだ泥を混ぜ
た「泥クッキー」まで売られ、飢えをしのぐ有様でした（37 ページ記事参照）。あ
り余る投機資金が穀物や原油の市場に過度に流入すれば、たちまち価格が暴
騰し、食料・エネルギー危機がいつ起きても不思議ではありません。

◆ 『毎日新聞』記事（2008年6月2日付）

*1　GDP：国内で1年間に新しく生みだされた生産物やサービスの金額の合計。その国の経済力の指標。
*2　ロイター通信「アメリカの所得格差が金融危機で拡大、富は上位3％に集中＝FRB」〈http://jp.reuters.com/article/topNews/idJPKBN0GZ2O420140904?sp=true〉
*3　ブルームバーグ「日本の富裕層がますます裕福に、アジアでもっとも急速に資産増加」〈http://www.bloomberg.co.jp/news/123-NDS4D36JIJUT01.html〉

　③先進国での格差拡大と中間層の縮小の問題：リーマン・ショック後、先進国も金融危機・大不況に陥り、各国は金利をゼロにし、中央銀行が国債などを大量に買い取り大量のお金を市場に供給するなどの政策をとりました。アメリカやヨーロッパ、日本でも、毎月8兆〜10兆円という巨額の資金を市場に供給していきました。アメリカでは2014年10月まで継続されましたが、金融システムの保護と景気回復に向けた「超金融緩和」という前代未聞の政策でした。

　これらの政策によって、リーマン・ショックが引き起こした金融危機はひとまず収まり、景気も何とかもち直していますが、大量の資金供給が「実需」ではなく、株や不動産投資に回るという副作用も起きています。その結果、どの国でも株価や不動産価格が大きく値上がりし、もっぱら富裕層に巨額の利益をもたらしました。

　アメリカでは、2010〜2013年の期間に、家計所得は4％増加したものの、その伸びは富裕層に集中し、上位3％の富裕層が所得全体の30.5％、家計資産では54.4％を占めるまでになっています(*2)。日本でも富裕層に資産が集まりはじめています(*3)。富裕層に資産が集中するということは、中間層からの所得の移転が起こり、中間層の資産が少ししか増加しないか、逆に減少することを意味します。

　つい最近まで、先進国では福祉政策、税制などによって所得の再分配がおこなわれ、全人口の過半数を占める中間層が存在していました。かつては日本も1億総中流といわれ、福祉・医療、教育の面で、そして安全・治安などの面でも健全性を保っていました。しかし、グローバル化の進行とともに中間層が縮小し、格差が拡大していくと、いっそうの社会的分岐と対立をもたらし、民主主義社会の基盤になっている社会福祉・教育、社会の安全・安心などが危機的状況に陥る危険があるのです。　　　　　　（田中徹二）

# 08

# マネーゲーマーたちの天国
# タックス・ヘイブンのしくみ

## ■ タックス・ヘイブンの３つの要件

　タックス・ヘイブン──税金天国？　お金持ちや大企業が形だけの事務所を置き、税金逃れをするカリブ海の小さな島のことでしょうか？　ヘイブンは天国ではなく、安全な港（回避地）と訳され、カリブ海の島だけでなく、ヨーロッパのルクセンブルク、スイス、オランダ、アメリカのデラウェア州、さらにはロンドンやニューヨークなども定義によってはタックス・ヘイブンに含まれます。一般的に言われているタックス・ヘイブンの要件は、①低税率（または無税）、②秘密保持（匿名性）、③手続きの簡便性の３点です。

　①**低税率**：どこの国でも会社が利益を上げれば、それに一定の税率をかけて法人税を納めさせます。この税率は国によって違うので、税率の低い国に会社を設立すれば、納める税金を少なくすることができます。そこで、形だけの会社（ペーパー・カンパニー）をタックス・ヘイブンに設立し、書類の操作によって利益を移し、税逃れを図るのです。

　②**秘密保持**：タックス・ヘイブンの重要な要件です。大企業が実際に事業をおこなっている国、またお金持ちが住んでいる国の税務署は、法律で決められた税金をとるために、お金がどのように動いているか調査する必要があります。ところが、タックス・ヘイブンでは、大企業やお金持ちの利益を守るため、そこに置かれている銀行口座の情報について外国の税務署から提供を求められたとしても、それに応じません。

　③**手続きの簡便性**：会社を設立するには、必要な条件を整えるなど手続きに手間がかかりますが、タックス・ヘイブンの場合ペーパー・カンパニーなので、簡単に短時間で手続きを済ませられます。このため、大企業はタックス・ヘイブンにたくさんの会社をつくるのです。

　このような条件があてはまる国や地域は、世界全体で60～70カ所もあ

るとされています。

## ■ タックス・ヘイブンに貯まっているお金

　経済のグローバル化が進み、世界中で利益を求めてお金が駆けめぐっています。課税から逃れたい人びとにとって、お金の動きを不透明にするタックス・ヘイブンの役割はますます重要になっています。

　国外からお金がもち込まれても、そのお金が国内で運用されている場合は、比較的お金の動きがわかるのですが、国外で調達した資金を国内にもち込まずに海外で運用する「オフショア市場」は、政府の監視や情報収集、規制が困難なために、所得税が課されないなど一種のタックス・ヘイブン状態になります。ちなみに、オフショアとは「海岸線から離れた沖合い」の意味で、目が届かないことを表しています。「オフショア市場」は英国、アメリカ、シンガポール、香港、マレーシア、バーレーン、ルクセンブルク、バハマ、ケイマンなどさまざまな国で開設され、日本でも 1986 年に「東京オフショア市場」が開設されています。

　世界のタックス・ヘイブンの動きを調べている NGO のレポートなどによると、世界の経済活動のかなりの部分がタックス・ヘイブンと関係していることがわかります（ロナン・パラン他『徹底解明　タックスヘイブン』作品社、2013 年など）。

　①世界の貿易の半分以上はタックス・ヘイブンを経由しているとされている（実際に貨物がタックス・ヘイブンの地域を通過するのではなく、あくまでも書類上の話だが、タックス・ヘイブンが取引に関与した形をつくることで、利益がペーパー・カンパニーに貯まる操作をしている）。

　②世界の銀行資産の半分以上、多国籍企業の対外直接投資の 3 分の 1 以上がオフショア市場を経由して送金されている。

◆世界の小規模タックス・ヘイブン

| | 対外資産 (10 億ドル) | 対外負債 (10 億ドル) | 人口 (人) | 1人当り GDP (ドル) |
|---|---|---|---|---|
| ケイマン諸島 | 3132.9 | 4200.3 | 47,210 | 57,222 |
| ジャージー島 | 1012.1 | 852.2 | 90,800 | 90,107 |
| イギリス領ヴァージン諸島 | 822.9 | 793.7 | 22,545 | 51,273 |
| バミューダ諸島 | 735.2 | 788.2 | 64,559 | 90,698 |
| ガーンジー島 | 509.0 | 297.1 | 61,811 | 53,931 |
| バハマ | 470.7 | 459.9 | 331,277 | 22,633 |
| バーレーン | 291.1 | 231.9 | 752,647 | 24,504 |
| オランダ領アンチル諸島 | 219.8 | 271.7 | 191,572 | 18,078 |
| モーリシャス | 181.9 | 71.1 | 1,261,643 | 5,490 |
| マン島 | 168.3 | 99.8 | 76,774 | 44,773 |

出所：Lane, Philip R., Gian Maria Milesi-Ferretti, Cross-Border Investment in Small International Financial Centers, IMF Working Paper, 2010.

③国際的な銀行業務や債券発行業務の約 85% がオフショア市場でおこなわれている。

④世界の富裕層がオフショア市場で保有している金融資産の総額は 20 兆～ 30 兆ドルの巨額に上ると推計されている。

⑤ 100 万ドル以上の金融資産をもっている世界人口の 0.14% に過ぎない富裕層（約 935 万人）が、世界の金融資産の 81.3% を保有している。

⑥金融資産 3000 万ドル以上の超富裕層は約 9 万人で、世界人口の 0.001%に過ぎない。この 0.001%％ が金融資産の 30% を保有している。

こうした富裕層の資産の半分以上がタックス・ヘイブン、オフショア市場に置かれ、税金の支払いを免れています。株式や債券などを売って利益を上げれば税金がかかるはずですが、タックス・ヘイブンで取引しているため、税務署の監視が届かないのです。

## ■ タックス・ヘイブンを規制する方法

タックス・ヘイブンを利用して、多国籍企業や富裕層が税金を払わないことは、法律違反ではないかもしれませんが、モラルに反することです。本来払うべき国に税金を納めなければ、その国の税収が減り、財政の赤字を招くことになります。また、真面目に税金を納めている中小企業や一般の人びとからすれば不公平です。

さらに、タックス・ヘイブンは、犯罪などの不正な行為で稼いだ汚れたお金をきれいなお金に変換するしくみ（マネーロンダリング＝資金洗浄）としても使われています。犯罪絡みのお金がタックス・ヘイブンに入ってくると、秘密の保持というしくみが悪用され、出て行くときには犯罪の痕跡が消されてしまうのです。また、1990 年代以降、世界的な規模で金融投機、マネーゲームがくり返され、通貨危機、金融危機が引き起こされていますが、

タックス・ヘイブンは資金を動かすうえでの重要な役割を担っています。

このように、タックス・ヘイブンをめぐるさまざまな問題が明らかになったため、国際社会では、タックス・ヘイブンあるいはその利用者を規制する方法を検討しています。

①**マネーロンダリング対策**：各国政府の担当官が集まってFATF（金融活動作業部会）を設置し、不正な資金の移動を食い止めるための政策を検討しています。

②**投機的なマネーゲームの規制**：主要国が参加してFSB（金融安定理事会）を組織し、国際金融システムを安定させるためにタックス・ヘイブンを監視する方法について協議しています。

③**多国籍企業の税逃れ対策**：OECD（経済協力開発機構）の租税委員会で、たとえば、多国籍企業に対して、グループ会社を展開している各国での事業内容や納税額、グループ内取引の内訳などの情報を、関係する税務当局に報告するように義務づけることが提案されています。タックス・ヘイブンにある子会社が計上している利益は本国にある本社の利益の一部とみなし、合算して課税する制度などが考案されています。この方法は有効で、活用する可能性が拡大すると思われます。

しかしその一方、世界各国では、外国企業を招き入れるために法人税を切り下げる競争が激しくなっています。多国籍企業は各国の減税競争を巧妙に利用し、少しでも税金の安い国に拠点を移そうとしています。ですからOECDでは、行き過ぎた減税競争に歯止めをかけるルールの検討をしています。

それにしても、これだけグローバルに企業活動が展開している以上、1国単位の対策では限界があります。将来的には、超国家機関としてグローバル租税機関を設立し、世界共通の多国籍企業税を創設することが望ましいと考えられています。
　　　　　　　　　　　　　　　　　　　　　　　　　　　　（金子文夫）

# 09

# 地球問題を解決するのに
# いくらかかるのか

## ■ ミレニアム開発目標（MDGs）と持続可能な開発目標（SDGs）

　地球規模問題といえば、①貧困・開発、②気候変動（温暖化）、③生物多様性、④大規模災害、⑤平和構築（紛争などへの対処）、⑥金融・経済危機、食料危機などがあげられます。

　「貧困・開発問題」を解決するための指標といえば、国連が2001年に採択した「ミレニアム開発目標（MDGs）」(44ページ表参照)が想起されます。この目標は、2015年を達成期限と定めていましたので、昨年2015年9月にポストMDGsとして「持続可能な開発目標（SDGs）」(45ページ表参照)が国連で策定されました。SDGsでは、2016〜2030年までを展望した目標となっています。

　この2つの開発目標にはどのような違いがあるでしょうか。MDGsでは、「極度の貧困の半減」や「5歳児未満の幼児の死亡率の3分の1削減」など、数値を上げて「削減する」ことに力点が置かれていました。SDGsでは、「2030年までに極度の貧困を終わらせる」「2030年までに新生児および5歳未満児の予防可能な死亡を根絶する」など、貧困の「根絶」を目指しています。MDGsの貧困・開発目標を引き継ぎながらも、さらに発展させた目標と言えるでしょう。またSDGsでは、社会・経済問題に加えて環境問題に対する目標も追加したため、地球規模問題である上記①から⑥までの課題を網羅しています。

## ■ ミレニアム開発目標（MDGs）の成果

　MDGsは、貧困の削減をはじめ、医療・保健サービスの提供、初等教育の普及、水・衛生に関するインフラの整備などを達成目標として掲げていました。この15年間のとりくみによって、「極度の貧困と飢餓の半減」という第一目標は達成できましたが、初等教育の進展率や幼児・妊産婦の死亡率

の改善においては、達成できていません。また、目標達成とされる貧困問題も、いまだ途上国人口全体の14%、8億3600万人については、改善されていないままです。

## ■ ベーシック・ヒューマン・ニーズの達成にかかる費用は2810億ドル

　ベーシック・ヒューマン・ニーズとは、衣食住や保健医療、教育など、人間が生存するための基本的な諸要件のことです。SDGsは、極度の貧困人口をゼロにすることを第一目標にかかげています。では、そのためには年間どれくらいの費用が必要なのでしょうか。

　「持続可能な開発のための資金に関する政府間専門家委員会」の最終報告書（2014年8月15日）によれば、貧困（**目標1**）に660億ドル、国際保健（**目標3**）に1000億ドル、初等・中等教育（**目標4**）に380億ドル以上、食料安全保障（**目標2**）に502億ドル、安全な飲料水と衛生（**目標6**）に268億ドル、それぞれかかると推計されており、総計2810億ドル、日本円にしておよそ34兆円に上ります。そのなかでもっとも費用のかかる国際保健の内容は主につぎの4つです。①母子保健ならびに性と生殖に関する健康のために必要な資金（333億ドル）、②世界エイズ・結核・マラリア対策基金（GF）増資のための資金（260億ドル）、③熱帯病（NTDs）の感染対策のための資金（340億ドル）、④ユニバーサル・ヘルス・カバレッジ（非感染症疾患を含まない）を含むグローバル・ヘルス・ケア普及のための資金（370億ドル）です。

　ユニバーサル・ヘルス・カバレッジとは、すべての人が基礎的な保健医療サービスを、無理のない費用で受けられるしくみのことです。600万人近い子どもが5歳を迎える前に亡くなるという現実にある途上国では、この普及が急がれています。

| ミレニアム開発目標（MDGs） |
| :--- |

**目標1**　極度の貧困と飢餓の根絶
・1日1.25ドル未満で生活する人口の割合を半減させる
・飢餓に苦しむ人口の割合を半減させる

**目標2**　初等教育の完全普及の達成
・すべての子どもが男女の区別なく初等教育の全課程を修了できるようにする

**目標3**　ジェンダー平等推進と女性の地位向上
・すべての教育レベルにおける男女格差を解消する

**目標4**　乳幼児死亡率の削減
・5歳未満児の死亡率を3分の1に削減する

**目標5**　妊産婦の健康の改善
・妊産婦の死亡率を4分の1に削減する

**目標6**　HIV/エイズ、マラリア、その他の疾病の蔓延の防止
・HIV/エイズの蔓延を阻止し、その後減少させる

**目標7**　環境の持続可能性確保
・安全な飲料水と衛生施設を利用できない人口の割合を半減させる

**目標8**　開発のためのグローバルなパートナーシップの推進
・民間部門と協力し、情報・通信分野の新技術による利益が得られるようにする

## ■気候変動の分野にかかる費用は1兆6000億ドル

　気候変動（地球温暖化）防止に向けた対策には、温室効果ガスの排出を削減して温暖化の進行を食い止める「緩和策」と、異常気象や気温・海水面の上昇などに対して人や社会、経済のシステムを慣らしていくことで温暖化の悪影響を減らそうとする「適応策」の2つがあります。

　この2つの政策に資金がどのくらい必要となるか、さまざまな国際機関が推計を出しています。そのうちの最大値を見てみると、緩和策ではIEA（国際エネルギー機関）が1兆1000億ドルと推計しています（IEA、2008）。また、適応策ではUNEP（国連環境計画）が2050年までに2500億〜5000億ドルに達する可能性があると推計しました。

　これらの最大値を合計すると1兆6000億ドルという数字になりますが、これまでの気候変動に関する資金の流れを見ると、先進国と途上国とに半々となっています。したがって、途上国支援には合計の半分の8000億ドル（約96兆円）が必要となってきます。

　なお、上記SDGs関連の費用、気候変動関係の費用についての詳細は、「グローバル連帯税推進協議会・最終報告書」（http://isl-forum.jp/wp-content/uploads/2015/12/GST_Final-report.pdf）をお読みください。　（田中徹二）

## 持続可能な開発目標（SDGs）

| | |
|---|---|
| **目標 1** | あらゆる場所のあらゆる形態の貧困を終わらせる |
| **目標 2** | 飢餓を終わらせ、食料安全保障および栄養改善を実現し、持続可能な農業を促進する |
| **目標 3** | あらゆる年齢のすべての人びとの健康的な生活を確保し、福祉を促進する |
| **目標 4** | すべての人びとへの包括的かつ公平な質の高い教育を提供し、生涯学習の機会を促進する |
| **目標 5** | ジェンダー平等を達成し、すべての女性および女子の能力強化をおこなう |
| **目標 6** | すべての人びとの水と衛生の利用可能性と持続可能な管理を確保する |
| **目標 7** | すべての人びとの、利用可能でかつ信頼できる持続可能で近代的エネルギーへのアクセスを確保する |
| **目標 8** | 持続的、包摂的で持続可能な経済成長、およびすべての人びとの生産的な雇用と働きがいのある仕事を促進する |
| **目標 9** | 強靭なインフラの構築、包摂的かつ持続可能な工業化の促進、およびイノベーションの育成を図る |
| **目標 10** | 国内と国家間の不平等を削減する |
| **目標 11** | 包摂的で安全かつ強靭で持続可能な都市および人間居住を構築する |
| **目標 12** | 持続可能な消費と生産パターンを確保する |
| **目標 13** | 気候変動およびその影響への緊急の対処を講じる* |
| **目標 14** | 持続可能な開発のための、海洋と海洋資源を保全し、持続的に使用する |
| **目標 15** | 生態系の保護、回復、持続可能な使用の推進、森林管理、砂漠化への対処、ならびに土地の劣化の停止と回復、および生物多様性の損失の阻止を促進する |
| **目標 16** | 持続可能な開発のための平和で包摂的な社会の促進、すべての人びとへの司法へのアクセス提供、および効果的で説明責任のある包摂的な機構の構築を図る |
| **目標 17** | 実施手段を強化し、持続可能な開発のためのグローバル・パートナーシップを活性化する |

＊国連気候変動枠組条約（UNFCCC）が、気候変動への世界的対応について交渉をおこなう一義的な国際的、政府間対話の場であると認識している。

## ドーア氏の名著
## 『金融が乗っ取る世界経済 ── 21世紀の憂鬱』

　ロナルド・ドーア氏は、日本の社会経済や企業について造詣の深いイギリスの学者です。そのドーア氏が書いた『金融が乗っ取る世界経済── 21世紀の憂鬱』（中公新書、2011年）は、世界の経済が金融を中心に動くようになった事実と要因、影響、対策などをたいへんわかりやすく解説しています。

　金融化現象は、つぎの4点から論じられています。

①先進国のGDP、企業利益に占める金融業の割合が伸びていること。

②お金を供給する家計・企業とお金を必要とする事業者の間で、金融業者の仲介活動が複雑怪奇で投機的になっていくこと。

③企業経営者の社会的責任が、従業員や地域社会を含む広範囲のステークホルダーに対するものから、株主のみに絞られていくこと。

④「貯蓄から投資へ」という証券文化が鼓吹されていくこと。

　このような変化をもたらした要因として、金融技術の進歩、経営者資本主義から投資家資本主義への思想的転換、グローバル経済下の競争力強化政策があげられています。この政策に対して、「そもそも、日本ばかりでなく、他の先進国も、『国際経済における競争力強化』を経済政策の第1目標としたことが間違いだった。『よき社会の確保』という目標の方が、より重要なのである」と、ドーア氏は金融化に批判的な立場を表明しています。

　金融化の影響については、①格差拡大、②不確実性・不安の増大、③知的能力資源の配分への影響、④信用と人間関係の歪みの4点が指摘されています。知的能力資源の配分への影響では、金融業界は報酬が高額であるため優秀な人材が集まり、メディアも金融業覇権に屈し、社会全体に批判的な目が失われていくことを憂慮しています。また、信用と人間関係の歪みでは、取引の相手方の無知をいいことに詐欺的行為をすることが当たり前になるというのです。

　ドーア氏は、リーマン・ショックからの脱却のため、G20などで検討された方策をひと通り紹介したうえで、さまざまなルールが制定されようとしていますが、金融の安定に重点があり、社会的公正の問題が軽視されていると、国際社会の対策を批判しています。

　金融化現象に関する書物はたくさん出版されていますが、批判的視点を明確にし、しかも初学者にも理解できるように記述しているものはほとんどありませんので、金融問題の入門書として勧めたい1冊です。　　　　　　（金子文夫）

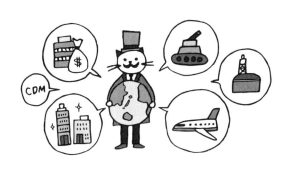

# 第3章
# 地球規模で税金を集め
# 再分配するしくみ

# 10

## グローバル・タックスって
## どんなしくみ？

### ■ グローバル・タックスとは何か？

「はじめに」でも紹介しましたが、グローバル・タックスとは、言うならば、グローバル化した地球社会を1つの「国」とみなし、地球規模で税制を敷くことを意味します。国境を越える経済活動やグローバルな資産に税をかけることで、地球社会に悪影響を与える活動を抑えることができます。そして、その税収を地球規模課題の解決に充てるという新しい税のしくみなのです。

グローバル・タックスの内容は、大きくつぎの3つに分けて考えることができます。

①**漏れを防ぐ**：まずは「漏れを防ぐこと」、すなわちタックス・ヘイブン（租税回避地）対策です。タックス・ヘイブンとは、「外国人の居住者、金持ちの個人、企業などが、その本来の出自国において課税されるのを回避するために、自分たちのお金を預ける国ぐにのこと」と定義されます。タックス・ジャスティス・ネットワークによると、タックス・ヘイブンに秘匿されている資金は実に2520兆〜3840兆円に上ります。このような不透明なお金の流れを透明にし、課税の漏れがないようにしないかぎり、税をうまくとることができないのです （38ページ参照）。

②**課税をおこなう**：つぎに、実際に課税をおこなう議論です。この観点から捉えると、先ほど述べたようにグローバル・タックスは「グローバルな資本や活動に、グローバルに課税し、負の活動を抑制しながら、税収を地球規模課題の解決に充当する税制」と定義することができます。実際に航空券連帯税や「CDM」税などはすでに実施されています （航空券連帯税、76ページ・CDM税、54ページ参照）。

③**1％のガヴァナンスを99％に変える**：最後に、課税、徴税、税収の使用のためのガヴァナンス（管理・運営）をつくるための議論です。現在の地

球社会は、1%の強者や強国によって運営され、残りの99%の大多数の弱者や小国の意見はあまり反映されないしくみになっています。このような地球社会が、グローバル・タックスの導入によって、もっと民主的な運営に変わる可能性があります (88・112ページ参照)。

## ■ グローバル・タックスの効果

　グローバル・タックスには、大きく3つの効果が考えられます。

　**①資金の創出**：航空券連帯税を現実化させる源泉となったランドー委員会は、武器輸出への10%の課税で年間50億ドル、武器購入への10%の課税で年間200億ドル、多国籍企業所得税の実現で年間1兆1619億ドルをそれぞれ徴収できると試算しています。また、ATTAC（市民を支援するために金融取引への課税を求めるアソシエーション）フランスの幹部で、ランドー委員会のメンバーでもあったジャック・コサールは、51ページの表のような税収の試算リストを作成しています。

　2012年7月に国連が発表した『世界経済社会調査2012』では、先進国に1トン当たり25ドルの炭素税が課せられた場合、年間2500億ドル、税率0.005%の通貨取引税を実施した場合、年間400億ドルの税収の見込みがあるとしています。オーストリア経済研究所のシュテファン・シュルマイスター[*1]は、金融取引税を主要な国ぐにで実施した場合、0.05%で6550億ドルという巨額の税収が得られると試算しました。また、タックス・ヘイブンに税金を課すことができれば、年間1900〜2800億ドルの税収を得ることができると見込まれています[*2]。

　これらの税収をすべて合計すると、理論上、実に2兆4379億ドル（約292兆5480億円）の税収が得られ、地球規模問題を解決するために必要な資金が満たされることになるのです。

＊1 シュテファン・シュルマイスター：Stephan Schulmeister、1947-
＊2 Tax Justice Network (2012) "Revealed: global super-rich has at least $21 trillion hidden in secret tax havens", http://www.taxjustice.net/cms/upload/pdf/The_Price_of_Offshore_Revisited_Presser_120722.pdf , last visited on 10 November 2013.
＊3 総務省統計局『世界の統計』〈http://www.stat.go.jp/data/sekai/pdf/2008al.pdf〉

　②**政策効果**：政策効果とは、ある政策を実施することで、組織や人びとの活動や意識を変える効果のことで、税金にはその政策効果があります。

　たとえば、地球炭素税では「税をかけることによって、温室効果ガスの排出を抑えて温暖化を防止する」という政策効果があります。温室効果ガスの排出を増やせば増やすほど税金がかかるので、なるべく排出を減らそうという行動をとるのです。実際、1990年と比べて2005年における二酸化炭素の排出量を比較してみると、当時炭素税を導入していなかった日本は7％増、アメリカは16％増だったのに対し、導入していたイギリスは15％減、ドイツは18％減となっていました[＊3]。

　金融取引税では、「投機的（ギャンブル的）取引を抑制する」という政策効果が期待されています。投機的取引とは、大量の資金を株式、債券、デリバティブ（金融派生商品）などに投資し、その取引からもたらされる利ざや（差額）で儲ける取引ですが、近年ではコンピューターを利用して1秒間に1000回以上の取引をくり返す高頻度取引が主流になっています。もし取引をする度に税がかかれば、取引をすればするほど費用がかかるので、投機的な取引は抑制されます。また、一般的な取引であれば、そこまで頻繁に取引をくり返さないので、税の影響をほとんど受けません。したがって、この税により、金融市場を大きく阻害することなく、投機的取引を抑制できると考えられているのです。

　③**地球社会の運営の民主化**：グローバル・タックスの真骨頂は、少数の強者や強国によって運営され、大多数の弱者や小国の意見はあまり反映されない地球社会の運営が、もっと民主的なものに変わる可能性にあります。なぜなら、各国から出される拠出金を財源とする現在の国際機関と異なり、多数・多様な人びとに課税するグローバル・タックスを財源とする新たな国際機関は、納税者に納得してもらうために、得たお金についての情報を透明に

◆グローバル・タックスによる税収の試算

| 租税名 | 仮定 | 税収（年間） |
|---|---|---|
| 外国為替取引税 | 税率 0.1%、課税ベースの 50%に課税 | 1100 億ドル |
| ポートフォリオ投資税 | 税率平均 25%、投資量が 33%減少 | 1900 億ドル |
| 外国直接投資税 | 税率平均 15%、平均 8000 億ドルに課税 | 1200 億ドル |
| 多国籍企業利潤税 | トップ 1000 の多国籍企業の利潤に 25%を課税 | 2000 億ドル |
| 富裕税 | 5 兆ドルに 1%の固定税 | 500 億ドル |
| 炭素排出税 | 炭素 1 トン当たり 21 ドルの課徴金 | 1250 億ドル |
| プルトニウム・放射能生産税 | 1 トン当たり 2400 億ドルの課徴金 | 150 億ドル |
| 航空税 | チケットと積み荷に 1%の課税<br>燃料 1 トン当たり 3.65 ドルの課税 | 20 億ドル<br>740 億ドル |
| ビット税 | 1000 キロバイト当たり 1 セントの課税 | 700 億ドル |
| 合　計 | | 9560 億ドル |

出典：Landau Group (groupe de travail sur les nouvelles contributions financières internationales) (2004) *Rapport à Monsieur Jacques Chirac Président de la République,* retrieved from http://www.diplomatie.gouv.fr/actual/pdf/landau_report.pdf on 24 December 2006.

し、税収の使い道を民主的に決めなければならないからです。とくに使い道を決定する理事会は、政府代表だけから構成されるこれまでの国際機関とは異なり、なるべく多様な人びとが理事となり、いろんな意見を反映させながらものごとを決定していかなければなりません。つまり、少数の強者や強国が決定するしくみから、弱者や小国も含めたさまざまな人びとの参加により決定されるしくみへの転換がおこなわれるのです。

　また、加盟国の拠出金を財源にする現在の国際機関は、どうしてもお金を出してくれる国ぐにに配慮した行動をとらなければなりませんが、拠出金に依存しない国際機関は、国益の呪縛から解放されて、純粋に地球益のために行動できるということも意味しています。このことは地球の問題に対して、真の意味でリーダーシップをとることのできる国際機関の誕生を意味します（84・88・112 ページ参照）。

　このように、グローバル・タックスには、資金の創出、政策効果、地球社会の運営の民主化という大きな可能性が秘められているのです。（上村雄彦）

# 11

## グローバル・タックスは
## どうして必要なの？

### ■ グローバル・タックスが必要な理由

　前項では、グローバル・タックスのしくみと効果を見ましたが、そもそもなぜグローバル・タックスが必要なのでしょうか？

　グローバル化の進展とともに、地球環境破壊が加速し、格差が拡大し、感染症が拡散し、金融危機が頻発するなど、地球規模の課題は一般に知られているよりはるかに深刻になっています。これを解決するには、①税の政策効果による行動の変革、②みんなが参加する地球社会の運営、③巨額の資金、④私たちの責任と義務の認識、が求められます。グローバル・タックスは、これらをすべて満たせる可能性のある解決策だからこそ、必要とされているのです。

　**①税の政策効果**：地球規模課題を解決するために、これまで国際機関や各国政府は、法律で罰則をもうけたり、さまざまな規制をおこなっていますが、「上から」「外側から」押しつける手段だけでは、企業や人びとの行動はなかなか変わりません。他方、環境や社会によいことをすれば得をし、環境や社会に悪いことをすれば損をする（グッズ減税・バッズ課税）という税のユニークな特徴の１つをうまく活かせば、企業や人びとが自ら気持ちをあらため、自ら行動を変える可能性を高めます（税による政策効果、49ページ参照）。

　**②みんなが参加する地球社会の運営**：これも前項で確認しましたが、地球規模課題を解決するためには、現在の一部の人びと、団体、国だけによる地球社会の運営ではなく、多くの人びと、団体、国ぐにが関わる運営が重要です。桁違いに多数で多様な人びとや団体が納税者になるグローバル・タックスは、「みんなで地球社会を運営する」きっかけを与えます。

　**③巨額の資金**：地球規模課題を解決するためには、巨額の資金が必要です。気候変動対策だけでも、年間192兆円が必要ですが（44ページ参照）、世界

のODAを足し合わせても18兆円未満、気候変動対策に投資されている民間資金が23兆1600億円程度ですから、必要な資金の足元にも及ばないことがわかります。グローバル・タックスが実現した際には、理論上、年間300兆円近い資金が確保されることになります。

④**私たちの責任と義務の認識**：地球規模課題は、どこかで誰かが勝手に起こしている問題ではなく、いまやとりわけ先進国の市民や途上国の上位層が引き起こしていることも指摘しておく必要があります。日々のエネルギー消費が温暖化を引き起こし、世界を飛び回る飛行機の利用が感染症の拡大と関わるなど、途上国の貧困層は別として、誰もがグローバル化の恩恵を受けている現代において、私たちもグローバル規模で負の影響を与えているのです。すなわち、その負荷を引き受ける責任と、課題を解決するために努力する義務があります。グローバル・タックスが導入されれば、その責任と義務を経済的に果たすことが可能になるのです。

## ■ 5つの課税原則

地球規模の課題を解決するために必要なグローバル・タックスですが、では、誰に、どのような原則で課税すればよいのでしょうか。グローバル化の負のコストを負担することを目的に、つぎの5つの原則で課税されることが期待されています。

①グローバルに負の影響を与えている業界や組織が課税される「負荷者負担原則」。たとえば、世界金融危機を引き起こした金融業界、温暖化や感染症の拡散に関わる国際交通業界、環境破壊などのコストを外部（現地の環境やそこに住む人びと）に押しつけている多国籍企業、租税回避を促進するタックス・ヘイブン、軍需・エネルギー産業などがあげられます。

| 課税対象 | 税 |
|---|---|
| 金融 | 金融取引税、グローバル通貨取引税、タックス・ヘイブン利用税 |
| 国際交通 | 航空券連帯税、航空燃料税、国際バンカー油課税 |
| 多国籍企業 | 多国籍企業税 |
| 情報通信 | グローバル電子商取引連帯税 |
| 軍需産業 | 武器取引税、武器売上税 |
| エネルギー産業 | 地球炭素税、天然資源税、プルトニウム生産税 |
| 富裕層 | グローバル累進資産課税 |
| その他 | 「CDM税」 |

出典：グローバル連帯税推進協議会事務局

②グローバル化の恩恵を受けている業界や組織が課税される「受益者負担原則」。たとえば、金融、国際交通、情報通信、エネルギーの各業界や多国籍企業などが含まれます。

③税を支払う能力が高い人、組織、業界が課税される「担税力原則」。このカテゴリーには、金融、情報通信業界や多国籍企業、富裕層などが入ります。

④消費税を負担していない業界や組織が課税される「消費税負担原則」。これには、金融、国際交通、情報通信業界などが含まれます。

⑤グローバル化の恩恵を受けているすべての関係者や組織に課税される「広薄負担原則」。私たちもグローバル化の恩恵を受けていますから、上記の業界だけでなく、主としてこれらの業界の利用者も、手数料や利用料などを通じて、負担を広く薄く分担します。

## ■ グローバル・タックスの種類

　課税の原則を踏まえると、グローバル・タックスの種類とその課税対象は上の表のように整理することができます。そのなかでも、とりわけよく議論されているグローバル・タックスについて説明します。金融取引税、グローバル通貨取引税、航空券連帯税、武器取引税、地球炭素税、グローバル累進資産課税は本章で説明されますので、ここでは、多国籍企業税と「CDM税」について、見ておきましょう。

　**多国籍企業税**：多国籍企業はグローバリゼーションの進展とともに事業を拡大し、世界的に収益を上げるなど、グローバリゼーションの恩恵をもっとも受けています。この多国籍企業に対して、連結決算（親会社の会計に子会社や関連会社の会計を加算した決算のこと）の利益に一律課税する構想です。

　**CDM（クリーン開発メカニズム）税**：CDMとは、途上国において、先

進国と途上国が共同で温室効果ガス削減プロジェクトを実施し、そこで生じた削減分の一部を先進国が得て、自国の温室効果ガス削減量として充当できるしくみのことをいいます。このとき先進国が得られる削減相当量を「認証排出削減量（CER）」といいますが、そのCERが発行される際に2%が天引きされ、気候変動の適応にとりくんでいる適応基金の特別口座に振り込まれるしくみになっています。

## ■ グローバル・タックスを実現するには……

　グローバル・タックスを実際におこなっていくには、大きくつぎの2つのやり方が考えられます。

　1つは、「全面的」グローバル・タックスです。①グローバルに課税、②グローバルに徴税、③グローバルな活動の負の影響を抑制、④税収を地球規模課題解決のために充当します。地球社会に世界政府が存在し、その世界政府が一元的に課税、徴税、再分配をおこなうシステムというとイメージしやすいと思います。

　もう1つは、①各国ごとに課税、②各国ごとに徴税、③各国ごとに税収を超国家機関に上納、④税収を地球規模課題解決のために充当する場合、これを「部分的」グローバル・タックスと呼ぶことができます。

　現実には現在、世界政府は存在していませんので、これから構想・実施されるグローバル・タックスは、当面「部分的」グローバル・タックスに近いものとなるでしょう。　　　　　　　　　　　　　　　　　　　　（上村雄彦）

# 12

# 国際社会で
# 税金を集めるルールは
# どのようなものか？

## ■ 税金は各国の法律によって課されている

　税金の徴収は、そもそも各国が国内の国民や企業に対して税をかける権利（課税権）を行使するしくみになっています。つまり、国家に課税権があり、議会の制定した法律に従って自国内の国民や企業の経済活動からの所得（利益）や財産に課税するしくみがとられてきました。

　19世紀の終わり頃からヨーロッパを中心に、ヒト・モノ・カネの国際的な移動や経済活動が活発化したことから、20世紀に入って国際連盟や国際連合、経済協力開発機構（OECD）や欧州連合（EU）などで国際課税の共通ルールが議論されてきました。しかし、現在も課税権がもっぱら国家に属していることには変わりなく、国際的な経済活動に対しても、基本的には各国の国内税法が適用されます。

## ■ 国際課税のルールの基本的な考え方

　各国の国内税法に基づく国際課税のルールには、2つの考え方があります。

　1つ目は、個人の生活の本拠である住所や企業の本店所在地など、その国との地理的結びつき（ネクサス）に着目する「居住地国課税」の考え方です。その国に住所のある個人（居住者）や本店のある企業（内国法人）に、どこの国で得た所得であるかに関係なく課税します（全世界所得課税）。

　2つ目は、源泉地国課税の考え方で、その所得の発生した国（源泉地国）が課税をおこなうというものです。

　世界のほとんどの国ぐには、この2つの考え方を組み合わせて、個人や企業の所得に対して課税しています。たとえば、A国に住所のある居住者や本店が存在する法人が、海外支店の経済活動から所得を得た場合、居住地国課税によれば、A国は海外での所得についても課税することができます。一方、源泉地

国課税によれば、その所得は海外での経済活動によって発生したことから、発生地のＢ国が国内源泉所得として課税することができます（58ページ参照）。

　ここで問題となるのが、居住地国のＡ国と源泉地国のＢ国から二重に課税される問題です。それについては、Ａ国の居住者や内国法人がＡ国への納税にあたって、Ｂ国で支払済みの税額を差し引く外国税額控除制度や租税条約によって免除するしくみがとられています。

　また、源泉地国において課税される場合、その具体的な納税義務の範囲や申告の必要性、税金の徴収方法は、「ソース・ルール」と呼ばれる国内源泉所得に関する国内税法の規定や、事業拠点として支店や営業所、代理人などの「恒久的施設」（ＰＥ）があるかどうかによって決まってきます。

## ■ 租税条約は二国間の条約

　このように国際的な経済活動に対しても、各国の国内税法が適用されるのが原則ですが、国家間の二重課税や課税の空白、脱税の防止などのために、二国間で租税条約が締結されています。租税条約は二国間の国内税法の適用関係を調整し、両国間のヒト・モノ・カネの移動の円滑化を図り、経済交流を促進する機能を有しています。一般の国際条約には、複数の国ぐにが締結する多国間条約の形式がとられる場合もありますが、租税条約については税務行政の協力に関する一部を例外として、原則として二国間条約の形式をとり、締結した二国間のみを拘束します。

　租税条約の内容は、締約国の合意によるため、条約によって異なる条項もありますが、条約の対象や適用の前提事項の定義を規定したうえで、一定の種類の所得の課税を免除したり、適用される税率を軽減したり、各国の国内税法の課税ルールを調整する定めが置かれています。

　租税条約は、原則として、国内税法の規定に優先して適用されますが、国

◆国際課税の基本ルール

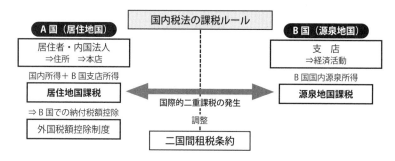

内税法の規定の方が有利な場合には、例外的に国内税法が優先されます。ただし、租税条約は二国間の国内税法の規定を調整するためのもので、租税条約を直接の根拠として課税することはできません。

　租税条約は、本来、国際的な事業活動による所得に対して脱税や悪質な租税回避の防止を目的としています。しかし、その一方で租税条約の規定の抜け穴を巧みに利用して課税を逃れる「条約漁り（トリーティ・ショッピング）」の問題が深刻化しています。また、国際的な租税条約のモデルとして、先進各国には「OECDモデル租税条約」、途上国との間には「国連モデル租税条約」がありますが、それらはあくまで「モデル」を示しているのみで、各国の租税条約のガイドラインに過ぎません。

## ■ 国際的な脱税や租税回避の巧妙化

　国際課税のルールは、各国の国内税法とそれを調整する二国間の租税条約によって定められています。そして、それらが国際的に網の目を張りめぐらすようにネットワークを形成して、二重課税や課税の空白、脱税や租税回避の防止などの役割を果たしています。

　しかし、最近では一部の富裕層や多国籍企業、投資ファンドなどが、この網の目の抜け穴を利用し、国内税法の地理的結びつきに着目した国際課税のルールや二国間の租税条約を巧みにすり抜けて、不正に課税を逃れる国際的租税回避の問題が深刻化しています。

　たとえば、富裕層のなかには、特定の国に生活の本拠をもたず転々と住所を移転する「永遠の旅行者」や、税負担が著しく軽いタックス・ヘイブンに国籍や住所を移す者が増えています。それによって、税負担の重い居住地国の所得や財産に対する課税を逃れることができるのです。

　多国籍企業は、タックス・ヘイブン（38ページ参照）に子会社を設立し、関連

◆グーグルの節税方法

ポイント
❶アイルランドとオランダの取り決めで非課税
❷アイルランドはBをバミューダ籍とみなし課税せず
❸アメリカはA→Bのお金の流れを法人間ではなく法人と支店のやりとりとみなし課税せず

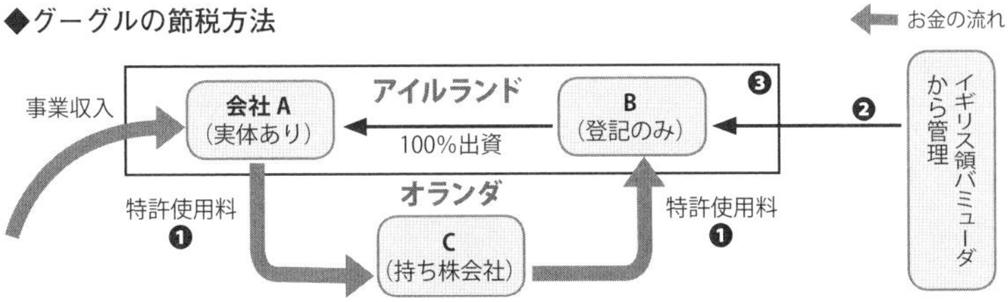

日本経済新聞 2014 年 10 月 1 日朝刊 〈http:nikkei.com/article/DGXZZO77801750R01C14A0000000/〉

会社間で原材料や製商品の取引、ノウハウの提供などの価格を操作して、その子会社に利益や資金を移転させて、そこを拠点に国際的な事業展開を図る租税回避を広くおこなっています。この租税回避に対し、先進各国では、タックス・ヘイブン対策税制や移転価格税制などの対策税制を導入し、租税条約を改定するなど対応を進めています。

しかし、最近ではグーグルやアップル、スターバックスなど米国の多国籍企業がおこなった、いわゆる「ダブルアイリッシュ・ウィズ・ダッチ・サンドイッチ」（上の図参照）のような国際的租税回避の巧妙化がますます進んでいます。この租税回避手法は、アイルランドとオランダの税制と両国間の租税条約の抜け穴を利用したもので、アイルランドとオランダに子会社をつくり、ライセンス取引を利用して租税回避をおこなう手法です。

## ■ 国際的に租税回避を防止する

2012 年 6 月、OECD の租税委員会が中心となって、「税源浸食及び利益移転（BEPS）プロジェクト」を立ち上げました。巧妙化する国際的租税回避行為やタックス・ヘイブンへの利益や資金移転などを防止するための国際課税のルールやしくみを見直すことを目的としています。2013 年 7 月に「BEPS 行動計画」を公表し、15 年 12 月には「BEPS 最終報告書」が提出されました。

OECD の租税委員会は、従来から加盟国の税務行政の協力推進や過度な税制優遇の是正勧告、タックス・ヘイブンリストを公表するといった「有害な税の競争」の防止などへのとりくみを進めてきました。今回の BEPS プロジェクトは、非加盟国も含めた多国間租税条約の策定や国際的な税務行政の協力の強化、各国の国内税法や租税条約の修正勧告案の提示をおこなうことなどが盛り込まれており、最終報告を受けた各国の対応や今後の動向が注目されます。 （望月 爾）

# 13

# グローバル・タックスは
# こうして生まれた


## ■ グローバル・タックスの起源

　グローバル・タックスは、比較的新しい構想と考えられがちですが、起源は 19 世紀後半まで遡(さかのぼ)ることができます。当時、スコットランドのエディンバラ大学で国際法を専門にしていたジェームズ・ロリマー教授は、その著作のなかで「国際政府」の財源のための「国際的な課税」の可能性について言及していました。現在の国連につながるような国際機構としての「国際政府」の創設や軍縮の必要性を提唱し、その財源調達の方法として、各国政府の「国際議会」への議員の定数に応じて、各国民に「課税」するというアイデアを示しました。

　19 世紀後半、世界ではじめての国際機関として、1865 年には万国電信連合（ITU）が、1874 年には万国郵便連合（UTU）が創設されました。これら 2 つの国際機関の財源を確保する方法として、加盟各国に提供した便益に応じて「課税」する方式で加盟料を徴収するという構想が示されていました。しかし、実際には各国が歳入や人口などに応じて分担金を拠出する方式が採用されました。

## ■ 20 世紀前半のグローバル・タックス構想

　20 世紀に入ると、世界恐慌や 2 度の世界大戦など国際的な規模のたいへん深刻な問題が発生しました。そのような不安定な時代において、現代経済学の基礎をつくったアルフレッド・マーシャル(＊1)やジョン・メイナード・ケインズ(＊2)、ジェームズ・ミード(＊3)といったイギリスの偉大な経済学者たちは、国際平和と経済的安定のための国際機関の創設やその財源調達の方法としてグローバル・タックスのアイデアをもっていました。

　とくに、ミードは、第 2 次世界大戦中の早い時期から、大戦後には人類の

福祉と生活水準の向上を目的とした経済的な決定権をもつ国際機関の創設を提唱していました。その財源として加盟国に対し累進的に直接課税して、その経済的格差の解消を進めることも構想していました。

　また、ケインズも第2次世界大戦後の国際的な経済体制を議論するブレトンウッズ会議（1944年7月）において、「国際清算同盟（ICU）」（後の国際通貨基金＝IMF）の提案のなかで、その財源として加盟各国の国際収支の黒字に課税するという構想を提示しました。その他、ノーベル経済学賞を受賞したオランダの経済学者ヤン・ティンバーゲン[*4]や国際労働機関（ILO）の第6代事務局長をつとめたウィルフレッド・ジェンクス[*5]なども、国際的な経済管理と富の再分配の必要性から、グローバル・タックスにつながるアイデアを提案しています。

## ■ 20世紀後半におけるグローバル・タックス構想

　1970年代に入ると、各国の政府やNGOを中心に、国際社会で共通する課題への関心が高まり、地球環境の保全や国際的な開発援助、天然資源管理のための財源としての課税や賦課金・使用料の徴収が提案され、議論が本格化していきました。

　1970年、国連開発計画委員会は、各国が贅沢な耐久消費財に課税し、税収を国際的な開発資金に使うという構想を明らかにしました。また、72年にストックホルムで開催された国連人間環境会議では、国際社会として各国に地球環境保全のための経済的負担を課すことを検討することが勧告されました。同年、アメリカの経済学者ジェームズ・トービン[*6]が、国際金融の安定化を目的として通貨取引に低率で課税する、「トービン税」を提案しました。その提案が後年、通貨取引税や金融取引税の構想につながっていきます（64ページ参照）。さらに、1976年、ローマ・クラブ[*7]は、『国際秩序の

◆ブレトン・ウッズ体制が生まれたマウント・ワシントン・ホテル

©Sven Klippel

再編成—ローマ・クラブ第３レポート』（ヤン・ティンバーゲン編、茅陽一・
大西昭監訳、ダイヤモンド社、1977 年）のなかで開発援助をおこなうため、
国際的課税による国際基金の創設を主張しました。また、同年、パキスタ
ンの経済学者で、世界銀行や国連開発計画（UNDP）のアドバイザーをつと
めたマハブブ・ウル・ハク(＊8)も自らの著作『貧困のカーテン』（1976 年）
のなかで、環境汚染や資源採掘、多国籍企業の活動、軍事支出、途上国から
の人材流出に課税して、国際的開発基金をつくることを提案していました。

　1980 年代に入ると、その構想は、さらに進展していきます。1980 年、当
時の西ドイツのブラント首相を委員長とする「国際開発問題に関する独立委
員会」が公表した『南と北—生存のための戦略　ブラント委員会報告』（日
本経済新聞社、1980 年）は、国際貿易、武器輸出、国際投資、国際航空輸
送などに対する課税を提言していました。1982 年に採択された国連海洋法
条約には、深海底の資源開発に対する「開発税」の創設が規定されていまし
た。また、各国の貿易取引に対して関税に数パーセントの上乗せ課税をおこ
ない、その財源を途上国支援のための国際開発機関に移転するという「国際
貿易税」の構想も提案されています。1987 年、ノルウェーのブルントラン
ト首相を委員長とする「環境と開発に関する世界委員会」も、『地球の未来
を守るために』（大来佐武郎監修、福武書店、1987 年）という報告書のなか
で、「持続可能な開発」のための財源として国際的な課税の可能性にふれて
いました。

　1990 年代になると、国連や国際機関を中心に、実現に向けた具体的な議
論へと進んでいきます。1995 年にはグローバル・ガバナンス委員会が、通
貨取引や多国籍企業への課税、航空券連帯税、海上輸送税、非沿岸地域での
漁業税などを含むグローバル・タックスの実現に向けた国際的コンセンサ
スの重要性を訴えました。1996 年、ドイツの経済学者パウル・ベルント・

＊1　アルフレッド・マーシャル：Alfred Marshall　1842-1924 年
＊2　ジョン・メイナード・ケインズ：John Maynard Keynes　1883-1946 年
＊3　ジェームズ・ミード：James Edward Meade　1907-1995 年
＊4　ヤン・ティンバーゲン：Jan Tinbergen　1903-1994 年
＊5　ウィルフレッド・ジェンクス：C. Wilfred Jenks　1909-1973 年
＊6　ジェームズ・トービン：James Tobin　1918-2002 年
＊7　ローマクラブ：地球規模の課題にとりくむ民間の知識人によって構成されたシンクタンク。
＊8　マハブブ・ウル・ハク：Muhammad Zia-ul- Haq　1924-1988 年
＊9　パウル・ベルント・シュパーン：Paul Bernd Spahn　1939-
＊10　ジャン・ピエール・ランドー：Jean-Pierre Landau　1946-

シュパーン<sup>(＊9)</sup>が、国際通貨基金（IMF）の調査委託を受けてトービン税を改良した「二層課税」を考案しています。国連開発計画（UNDP）もトービン税に関する研究プロジェクトを立ち上げ、『トービン税─金融の不安定性への対応』を公表しました。また、国連の経済社会理事会でもトービン税の導入が議論されました。

## ■ グローバル・タックスから国際連帯税へ

　2000 年以降、グローバル・タックスをめぐる議論は、新たな開発資金の調達を目的とする国際連帯税の構想へと進展していきます。2000 年 9 月、「ミレニアム開発目標」（MDGs、44 ページ参照）が採択されました。その財源確保のための資金調達方法が議論され、02 年 3 月、メキシコのモンテレイで国連の開発資金に関する国際会議が開催され、MDGs 達成のため ODA（政府開発援助）を補完する「革新的開発資金調達メカニズム」（108 ページ参照）として通貨取引税などが提案されました。

　さらに、2003 年 11 月、フランスのシラク大統領は、開発資金調達の調査のため、会計検査院長のジャン・ピエール・ランドー<sup>(＊10)</sup>をリーダーに、いわゆる「ランドー・グループ」を組織しました。04 年 12 月、「ランドー・レポート」が公表され、金融取引税や多国籍企業税、環境税、武器取引税などが提言されました。05 年 1 月の世界経済フォーラム（通称ダボス会議）では、シラク大統領が、租税回避目的の資金移動への課税や金融取引税、航空券連帯税、航空・海上輸送燃料税など国際連帯税構想を提唱しました。それ以降、航空券連帯税や通貨取引税を中心に、国際連帯税の導入や実現に向けた国際的な議論が進められています。　　　　　　　　　　　（望月　爾）

# 14

# トービン税が
# グローバル通貨取引税へ
# 進化した

## ■ 投機の抑制がそもそもの目的

　私たちはモノを買うとき、お金を払います。日本国内では、日本銀行が発行する日本銀行券が貨幣として使用できますが、外国では使えません。銀行や両替所で、その国の貨幣に替える必要があります。

　歴史を振り返ると、第2次世界大戦後1970年代はじめまで、世界各国のお金はアメリカのドルを共通の基準にして、それぞれの為替レートが決まっていました。これを固定相場制といい、日本の場合、1ドル＝360円と決められていました。アメリカが飛びぬけて経済力があり、誰もが信用する金（ゴールド）をたくさん保有していて、請求があればドルと金の交換を保証していたため、ドルが世界の基準通貨となっていたのです。

　ところが、1970年代半ば以降、各国の通貨の為替レートは、変動相場制に変わっていき、日々交換レートが変化するようになりました。その原因は、アメリカの経済力が低下し、ドルと金の交換を保証しなくなり、ドルの信用が下がったことです。たとえば、戦後長い間、1ドル＝360円の為替レートだった日本の円はドルに対し、変動相場制導入直後の1971年から切り上がり、1980年には250円、その後150円、さらに2007年には80円台へと変動していったのです。

　そのようななか、為替レートの変化を捉えて、ひと儲けしようと考える人たちが出てきます。ドルに対して円が安いときに円を買い込み、円が高くなったときに売れば、その差額だけ儲けることができます。たとえば、1ドル200円という円安のときに、手持ちの1万ドルで円を買えば200万円が手に入ります。レートが変わって1ドル100円という円高になったときに、その200万円でドルを買うと2万ドルが手に入り、1万ドル儲かるというわけです。

　このように、モノを買うためにお金を必要とするのではなく、儲けのために
にお金そのものを売買することを投機といいます。お金を発行している国か
らみれば、為替レートを不自然に操作されることになりかねず、貿易にも支
障が出るわけで、迷惑な話です。そこでアメリカの経済学者トービン教授
が、お金の売買に税金をかけ、投機的な取引にブレーキをかける方法を考え
だしました。これを「トービン税」といいます。

## ■トービン税への期待が高まる2つの側面

　しかし、トービン税は実際には実施されませんでした。本来の経済活動に
まで悪い影響が出る、あるいは脱税を防げないといった反対論が強かったた
めです。しかし、1990年代に入り、国際経済の新しい動きが起こるなかで、
トービン税への関心はふたたび高まっていきます。その理由について、2つ
の側面から見ることができます。

　1つ目は、実際に税収を上げられる側面です。1990年代に入り、世界の
お金の取引量は急速に膨らんでいきました。コンピューターの発達による取
引量の増加が一因でした（66ページ図参照）。そのため、本来の経済活動の支障に
ならない程度のごくわずかな税率であっても、取引量が多いために莫大な税
収が推計できます。この税収を、世界の貧困問題などの解決に充てるといっ
た期待が膨らんでいきました。国連開発計画（UNDP）という国際機関が、
この税収の額に着目して、通貨取引税の導入を提案していきます。ただし、
これは税収が目的であって、投機を抑制するトービン教授の本来の目的とは
趣旨が異なります。

　2つ目は、過剰な投機を抑えるという、本来のトービン税の役割の側面で
す。1990年代には、ヨーロッパ、南米、東アジアなど、世界各地で通貨投
機活動が激しくなり、いくつもの国の為替レートが急激に変動し、経済の混

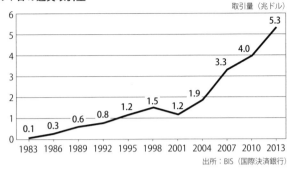

◆世界の１日の通貨取引量

取引量（兆ドル）

5.3 / 4.0 / 3.3 / 1.9 / 1.2 / 1.5 / 1.2 / 0.8 / 0.6 / 0.3 / 0.1

1983 1986 1989 1992 1995 1998 2001 2004 2007 2010 2013

出所：BIS（国際決済銀行）

乱が続きました。その対策のため、トービン税が見直されることになったのです。さらに、通常時は経済活動の支障にならないようにごくわずかな税率に設定し、通貨投機が激しくなった時点で税率を引き上げ、投機活動を押さえ込むという、いわば二段構えの手法へと進化していきました。

1998年に、ヨーロッパの市民運動のなかから「アタック＝市民のために金融投機に課税を求めるアソシエーション」という社会運動が生まれ、世界各地に広がっていきました。カナダ、フランス、ベルギーなどの国の議会も通貨取引税に賛成する意向を表明しています。

## ■国際連帯税への発展

2000年代に入ると、税収を上げる側面への期待がさらに増していきます。国連はミレニアム開発目標（MDGs、44ページ参照）を掲げ、2015年までに世界の貧困問題を大きく改善させるキャンペーンをはじめました。その財源として、これまで使われてきた政府開発援助（ODA）に加えて、「革新的開発資金調達」のしくみが求められるようになりました。

そのなかで、国境を越える活動に税金をかけてミレニアム開発目標の実現のために使う「国際連帯税」という考え方が打ち出されます。その課税方法のなかでも期待が寄せられたのが、通貨取引への課税だったのです。

この問題に熱心にとりくんでいるフランスは、志を同じくする国を集めて、「革新的開発資金に関するリーディング・グループ」をつくりました。そこでは、課税以外の方法も含めた資金づくりの方策が検討されましたが、やはり確実に収入を上げられる方法は税方式でした。そのなかでも、技術的に実施が容易な航空券連帯税がまず着手されます。簡単に説明すれば、国際線の乗客が、ごくわずかなお金を航空券連帯税として航空券料金に上乗せして払い、その税収をミレニアム開発目標の実現のために使うのです。2006年以降、フ

ランスをはじめ 10 カ国ほどで航空券連帯税が実施されていきますが、税収は 300 億円程度とそれほど大きくありません。そこで、多額の資金を調達できる可能性がある通貨取引税が検討されることになりました。

## ■ グローバル通貨取引税の提案

2008 年 9 月にアメリカでリーマン・ショックが発生し、世界的な金融危機へと拡大したため、投機的な金融取引に歯止めをかけようとする議論が巻き起こりました。危機を未然に防ぐための資本金規制や取引規制、危機が起こった場合の対策資金を金融機関に負担させる方法など、さまざまな手法が検討され、アメリカやヨーロッパで徐々に実施されていきます。

そのような状況のなかで、税収の確保に関心を寄せてきたリーディング・グループでは、2009 年に金融取引に関する専門家委員会を設け、通貨取引税などの手法の詳細な検討を進めました。専門家委員会は、金融機関に対する課税の方法として、金融活動税、金融サービスへの付加価値税、広範な金融取引税、一国単位の通貨取引税、グローバルな規模での通貨取引税などの 5 種類を比較検討し、グローバル通貨取引税が最適との結論を導き出しました。

グローバル通貨取引税は、現在の主要な通貨取引の決済が、ニューヨークの CLS 銀行（多通貨同時決済銀行）に集中していることに着目して、CLS 銀行で徴税することを構想しています。脱税を阻止し、多額の税収を上げられると推測されています。ただし、グローバル通貨取引税の構想は、アメリカ、イギリスなどの賛同を得られず、当分の間実施されそうもありません。

1970 年代にはじまったトービン税の構想は、世界的な金融危機がくり返されるたびに、その内容を深化させてきました。通貨取引への課税は、規制面と税収面の両面の効果が見込まれるため、今後もグローバル・タックスの重要な手法として、検討が進められていきます。　　　　（金子文夫）

# 15

# 炭素に税をかけて、
# 温暖化を解決する方法

## ■ 地球温暖化に対処するための費用

　温暖化は、二酸化炭素を中心とする温室効果ガスの排出が原因です。二酸化炭素は、石油や石炭、天然ガスなどの化石燃料を燃やして熱エネルギーに変えるときに排出されます。つまり、地球温暖化を食い止めるためには、エネルギーの使用を抑制し、排出する二酸化炭素を大幅に削減することが不可欠です。

　気候変動に関する政府間パネル（IPCC）は、2050年までに、2010年と比べて世界全体で二酸化炭素を40～70%削減するよう勧告しています。また、2015年12月にパリで開催された第21回国連気候変動枠組条約締約国会議（COP21）では、今世紀後半には二酸化炭素排出ゼロをめざすことが合意されました。しかし、日本でさえ毎年、二酸化炭素の排出量は増えているのに、これから経済発展を進めていく途上国の排出量を加算すると、これらの目標はとても困難といわざるを得ません (71ページ図参照)。

　日本では無駄な電気は消す、冷房の温度を上げるなど家庭での節電、カーシェアリングなどで車の利用を抑制するなどライフスタイルを変える対策が盛んにキャンペーンされていますが、家庭・民生用のエネルギー使用率は全体の14%ほどです。エネルギー使用量の削減目標を実現するためには、社会全体が化石燃料を使わないしくみに変わらなければなりません。

　また、国際的な温暖化対策には巨額の資金が必要です。国連環境計画などの推計では、合計で160兆円以上と試算されています。

　**①温暖化の悪影響に対処（適応すること）する費用**：沿岸防護のための堤防や防波堤の構築、水資源の効率的な利用、高温に強い品種への転換など。年間30兆～60兆円。

　**②温暖化を緩和（二酸化炭素自体を減らすこと）する費用**：再生可能エネ

ルギーの普及、省エネのとりくみ、植物による $CO_2$ の吸収源対策など。年間最低でも100兆円程度。

　現在の世界の政府開発援助（ODA）をすべて合計しても年間18兆円程度で、温暖化対策に必要な年間160兆円という資金は、ODAの10倍近くです。その資金をどのように集めるかが緊急の課題になっています。

## ■ 地球炭素税の可能性

　そこで、二酸化炭素を削減しつつ、巨額の資金を生むしくみとして構想されているのが、「地球炭素税」です。炭素税は、二酸化炭素の排出に対して、そのなかに含まれている炭素の量に応じて課税するしくみで、排出する炭素1トン当たりで課税されます。電気を使えば使うほど、車に乗れば乗るほど、エネルギーを使えば使うほど、税金がかかることになりますから、少しでも節約しようという動機づけになり、エネルギーの使用量が削減されます。その結果、二酸化炭素の排出が減り、税としてお金が集まるという、まさに一石二鳥のしくみです。

　各国の国内税としての炭素税は、1990年代からフィンランド、スウェーデン、ノルウェー、デンマーク、オランダ、ドイツ、イタリア、イギリス、スイスなどで導入され、日本でも2012年から徴収されています。この炭素税の導入によって、各国で2〜8%程度の炭素が削減されたことが報告されています。

## ■ グローバル・タックスとしての地球炭素税

　国連は、先進国に1トン当たり25ドルの炭素税を課せば、年間30兆円の税収が得られると推定しています。必要なお金が年間160兆円以上であることを考えると十分な対策とは言えませんが、それでも有力な処方箋の1

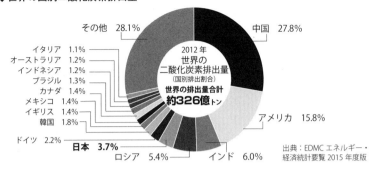

◆世界の国別二酸化炭素排出量

その他　28.1%
中国　27.8%

イタリア　1.1%
オーストラリア　1.2%
インドネシア　1.2%
ブラジル　1.3%
カナダ　1.4%
メキシコ　1.4%
イギリス　1.4%
韓国　1.8%
ドイツ　2.2%
日本　3.7%
ロシア　5.4%
インド　6.0%
アメリカ　15.8%

2012年
世界の
二酸化炭素排出量
（国別排出割合）
世界の排出量合計
約326億トン

出典：EDMC エネルギー・
経済統計要覧 2015 年度版

つであることには間違いありません。

　この地球炭素税にはいくつかのタイプがありますが、ここでは2つ紹介しておきましょう。

　①比例的炭素税：著名な経済学者の故宇沢弘文氏が提唱したものです。炭素税の税率をその国の1人当たりの国民所得に比例させるという構想です。たとえば、日本で炭素1トン当たり390ドルの炭素税をかけるとき、アメリカでは1トン当たり436ドルとなり、インドネシアでは12.8ドル、フィリピンでは13.2ドルになります。比例的炭素税は「地球大気の安定化に役立つだけでなく、先進工業諸国と発展途上諸国との間の不公平を緩和するという点で効果的」と宇沢氏は主張しています。

　また、温暖化は森林伐採によっても起こっているので、「森林を伐採したときに、二酸化炭素の放出の増加に見合う炭素税をかけるとともに、森林を育てたときには、大気中への二酸化炭素の排出量の減少に応じて、補助金を出す」という森林の管理・維持にも炭素税の適用を提案しています。

　比例的炭素税の税収は、「大気安定化国際基金」という国際機関を創って、各国が集めた税収の一定の割合分を納め、基金はそれを途上国に再分配し、途上国は税収を熱帯雨林の保全、農村の維持、再生可能エネルギーの開発などに使うというものです。

　比例的炭素税は、温暖化を引き起こす化石燃料や森林伐採への課税を通じて温暖化の防止を図り、その税収を超国家機関を通じて途上国へ再分配し、とくに地球環境の保全と再生に使用しながら、温暖化の防止と先進国と途上国の格差を縮小するという「一石三鳥」の優れた処方箋だといえるでしょう。

　②地球炭素税：スイス政府が国際社会に提案している構想です。これは、「すべての化石燃料を対象に二酸化炭素1トン当たり2ドルの税率で課税する。ただし、1人当たり二酸化炭素排出量が1.5トン以下の低所得国は課税

◆世界の二酸化炭素排出量の推移

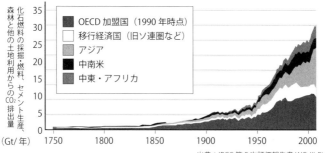

出典：IPCC 第 5 次評価報告書 WG Ⅲ Figre TS.2

されない」というものです。

　税収は約 5 兆円と推計され、税収は 2 つの基金に振り分けられます。

　1 つは、低所得国が温暖化の悪影響に対応する（適応）ことを支援するための多国間適応基金（MAF）で、もう 1 つは各国の温暖化対策のための国別気候変動基金（NCCF）です。高所得国は税収の 60% を MAF へ、40% を NCCF へ納め、中所得国は税収の 30% を MAF、70% を NCCF に納税します。そして、1 人当たり二酸化炭素排出量が 1.5 トン以上の低所得国は 15% を MAF、85% を NCCF に納税し、1.5 トン以下の低所得国は免税になります。

　その結果、MAF は年間およそ 2 兆円の財源を得て、低・中所得国は MAF と NCCF を通じて、年間 4 兆円の資金を獲得すると推定されています。

　このスイスの地球炭素税構想は、二酸化炭素 1 トン当たり 2 ドルと税率が低いため、それによる二酸化炭素削減効果については大きな期待はできませんが、年間 5 兆円というまとまった税収を生み出し、高所得国から低・中所得国へ年間およそ 4 兆円の富の再分配を実現することができます。

## ■ 企業活動と税率のバランス

　比例的炭素税と地球炭素税を組み合わせ、全体的に高税率にしながらも、途上国の負担が軽減されるしくみを考えれば、二酸化炭素の排出を効果的に削減しながら、大きな税収を生み出す可能性があります。

　もちろん、鉄鋼業や電力会社のように産業の性格上多くのエネルギーを使う業界にとっては、高すぎる税率は死活問題ですので、税率と企業活動への影響のバランスに配慮する必要がありますが、導入可能な税制を策定し実現に向けて大きく踏み出すことが期待されています。　　　　　（上村雄彦）

# 16

# 武器の売買に税をかければ、
# 武器取引も抑制される

## ■ 武器の取引は増える一方

　人類の歴史は戦争の歴史です。いつの時代でも、世界のどこかに戦争があり、絶えることはありません。20世紀には、世界大戦が2回も起こりました。その後は世界大戦規模の戦争は起こっていませんが、いくつかの国が関係する激しい戦争がくり返されています。

　第2次世界大戦後、世界最大の軍事力を保有するアメリカは、朝鮮戦争（1950〜53年）、ベトナム戦争（1960〜75年）、湾岸戦争（1991年）、アフガニスタン戦争（2001年〜現在）、イラク戦争（2003〜2011年、内戦は継続）などに、同盟国を率いて参戦してきました。また、イスラエルとアラブ諸国間の「中東戦争」は、断続的に戦闘が勃発し、現在もなお終結していません。

　より小規模な二国間の戦争・紛争となると、インドとパキスタン、中国とベトナム、イランとイラク、イギリスとアルゼンチンなど、主に領土（国境線）をめぐる争いが絶えません。さらに多くの国ぐにで内紛、内戦、テロなど、さまざまな形での武力衝突が頻発しています。

　これらの戦争・紛争の歴史的経緯や直接の原因はさまざまですが、戦いにはかならず武器・兵器が使われ、軍人・兵士から市民に至るまで多くの人命が失われます。そしてその背景には、武器をつくる企業（兵器産業）、武器を売る国や企業（死の商人）と武器を買う国（軍隊）があるのです。

　科学技術の発達とともに、武器・兵器の性能は飛躍的に向上し、開発・製造に要する費用も巨額になっています。現在、戦争をしていない国も、「抑止力」「自衛」を名目に、国家予算のかなりの部分を軍事費に充てざるを得なくなります。また、武器・兵器を自国で開発・製造できる国は限られているので、多くの国は武器を輸入しています。その結果、国家間の武器貿易が展開され、世界の武器輸出額は1990年代になると増加しました。その後、

2000年代はじめに一時200億ドルまで減少しましたが、その後はふたたび増加して13年には760億ドルに達しています。

　74ページの表を見ると、2012年の主な武器輸出国は、アメリカ、ロシアを筆頭に、中国、ウクライナ、ドイツ、フランス、イギリス、イタリアなどで、主な武器輸入国は、インドを筆頭に、中国、アメリカ、トルコ、パキスタン、アラブ首長国連邦、韓国、サウジアラビアなどとなっています。ちなみに、これまで日本は「武器輸出3原則」で規制されていたため、輸出国のリストには載っていませんが、輸入国では31番目（2億4000万ドル）に位置しています。しかし、「武器輸出3原則」は2014年閣議決定の「防衛装備移転3原則」に変えられ、輸出規制が緩和されたため、日本の武器輸出は増えていく可能性があります。

　世界の軍事企業の売上高ランキング（2010年）をみると、アメリカのロッキード・マーティン社（357億ドル）を筆頭に、アメリカやヨーロッパの巨大企業がひしめいています。ちなみに日本の企業では、25位の三菱重工業（30億ドル）をはじめとして、100位以内にIHI（旧石川島播磨重工業）グループ、三菱電機、川崎重工業、NEC（日本電気）の5社が入っています。

　武器貿易の最大の特徴は、最終的な購入者が国（軍）であることです。国家予算による購入なので、競争相手を気にすることなく独占的な取引をおこなうことができます。また、定期的に装備の入れ替えがあるので、武器を提供する側からすれば、安定した取引額を確保することができます。武器メーカーにとって高利益が望める世界は、小競り合いが紛争・戦争に拡大していく世界、戦闘が起こらないまでも、国家間や地域間での緊張が常に高まっている世界でしょう。軍縮・平和の世界では、武器は必要とされませんから、抑止力が必要と叫ばれる状況、自衛権を発動するような状態、他国の戦争に参加する決断を、武器メーカーや武器商人が望まないわけはありません。

単位：百万ドル

| 順位 | 輸出国 | 輸出額 | 輸入国 | 輸入額 |
|------|--------|--------|--------|--------|
| 1 | アメリカ | 8,760 | インド | 4,764 |
| 2 | ロシア | 8,003 | 中国 | 1,689 |
| 3 | 中国 | 1,783 | アメリカ | 1,297 |
| 4 | ウクライナ | 1,344 | トルコ | 1,269 |
| 5 | ドイツ | 1,193 | パキスタン | 1,244 |
| 6 | フランス | 1,139 | UAE | 1,094 |
| 7 | イギリス | 863 | 韓国 | 1,078 |
| 8 | イタリア | 847 | サウジアラビア | 923 |
| 9 | オランダ | 760 | オーストラリア | 889 |
| 10 | スペイン | 720 | モロッコ | 790 |

出所：ストックホルム国際平和研究所（SIPRI）

# ■ 武器取引の規制は世界の潮流

　戦争の根絶は実現されていませんが、武器の使用や保有、移転について
は、古くから論議になり、さまざまな国際条約が締結されてきました。ただ
しその背景には、人道的な理由だけでなく、国家財政に占める軍事費の負担
を軽くしたいという事情があったことも見逃してはなりません。

　軍縮のとりくみとしては、第 1 次世界大戦後の主要国による「海軍軍縮
会議」や第 2 次世界大戦後の東西冷戦期における「米ソ間の戦略兵器削減
交渉」などが特筆されます。兵器の種類による規制としては、生物化学兵
器、対人地雷、クラスター爆弾などが、人道的観点から禁止され、あるいは
禁止に向けたとりくみが進んでいます。

　武器貿易の規制としては、古くは 19 世紀末に成立したブリュッセル協定
がありますが、これはアフリカに植民地をもつヨーロッパ諸国によって、ア
フリカ人に武器が流出するのを防止するために合意されたものでした。

　最近の注目すべき武器貿易の規制としては、2013 年に国連総会で採択さ
れた武器貿易条約（ATT：Arms Trade Treaty）があります。これは、通常
兵器の移転を規制する目的で NGO などが展開した「コントロール・アーム
ズ」という国際キャンペーンがきっかけです。この条約の目的は、国際人道
法、国際人権法、あるいは持続可能な開発に抵触する通常兵器の国際的移転
の管理にあり、アメリカ、日本を含む先進国、アジア、アフリカ、中南米の
途上国の多くが賛成しました。今後、50 カ国以上の批准で、国連の条約と
して発効することになっています。しかし、この条約はアメリカなどを賛成
国に加えるため内容が妥協的になり、多くの抜け道が予想されること、有力
な武器輸出国のアメリカ、ロシア、輸入国のインド、中国などの参加が実際
には見込まれないこと、輸入が規制されることで逆に兵器の国産化を促進す

る恐れがあることなど、さまざまな問題点が指摘されています。そうであっても、戦車、戦闘機、軍用艦艇、弾薬など、広い範囲の通常兵器が規制対象になっており、条約運用の強化によって国際的な武器取引が抑制されていく可能性をもっています。

## ■ グローバル連帯税としての武器取引税

2004年、フランス大統領のもとで組織された開発のための革新的資金に関する作業グループが作成した報告書（ランドー・レポート）のなかに、グローバル連帯税としての武器取引税が取り上げられています。この「ランドー・レポート」では、①途上国の武器購入が紛争拡大の原因になっている、②軍備拡張が各国の財政負担になっているという2つの問題点を指摘しています。これらを解決するために武器取引の規制が望ましいとしていますが、一方で、逆効果にも注意を促しています。武器取引税は、大型兵器には課税しやすいのですが、移送が簡単な小型兵器に課税することは実務上困難で、かえって小型兵器の非合法取引に拍車をかける恐れがあるという点です。

武器取引税を実施していくためには、小型兵器を含め取引情報をオープンにしていく必要があります。武器貿易条約では、各国が武器移転に関わる情報を条約事務局に報告する義務を課していますので、この運用を強化すれば、透明性が向上すると考えられています。

これまでのグローバル連帯税に関するキャンペーンでは、通貨取引税、あるいは金融取引税に関心が集中し、武器取引税にはほとんど関心が向けられませんでした。また、武器取引規制を訴えるキャンペーンでも、武器取引への課税という手法が注目されることはあまりありませんでした。今後は、地球的問題の解決に向けて、グローバル連帯税キャンペーンと武器取引規制キャンペーンの大合流が期待されます。　　　　　　　　　　　（金子文夫）

# 17

# 飛行機に乗ることで、三大感染症の対策に貢献できる

## ■航空券連帯税の特徴としくみ

　これまでにも紹介してきましたが、航空券連帯税は数あるグローバル連帯税構想のなかでうまく実施されてきた税システムです。同税は 2005 年にフランスのジャック・シラク大統領（当時）が提唱し、翌年 7 月からフランスで導入されました。現在、フランス、韓国、チリ、カメルーン、コンゴ共和国、マダガスカル、マリ、モーリシャス、ニジェール、モロッコ、ブルキナファソ、ベナン、コートジボワール、ガボンの 14 カ国が導入しています。日本も 2010 年以来、政府レベルでの検討がされはじめましたが、いまだ導入には至っていません。

　航空券連帯税を一言でいうと、出国する国際線の航空券（運賃）に低い税をかけ、その税収を途上国支援──主に HIV/ エイズ・結核・マラリアなどの感染症対策──に使うというもので、そのしくみはつぎのようなものです。

　①課税時点・納税者：その国から離陸するすべての航空会社の旅行客に適用され、旅行客が税を納めます（ただし、空港を通過するだけの旅行客＝トランジットには適用しません）。したがって、航空会社間に不公平が生じませんし、航空会社に費用は生じません。

　②税の徴収：既存の航空券税や空港利用料金などに上乗せして航空券購入時に徴税します。したがって、手続きが簡便で徴税コストがかかりません。

　③観光収入への影響：導入した国の航空運賃の総額は高くなりますが、そもそも税が低率なので、ほとんど影響があらわれることはありません。実際、観光が大きな収入となっているフランスやモーリシャスから、とくに旅行客が減ったという報告はありません。

　④各国の課税ベースや税収：78 ページの表を参照してください。

## ■ グローバル化の恩恵を受けてきた航空産業と旅行者

　航空産業はグローバル経済の主要な受益者です。経済のグローバル化に伴い、大量の人間（旅行客）やモノ（貨物）の移動が起こりました。それによって飛躍的に業績を伸ばしてきたのが航空産業です。旅行客の利用に限っても、2000 年の 16 億 7400 万人から 2014 年の 32 億 8000 万人まで、2 倍近く増加しています。

　航空産業の発達は、経済成長に大きく寄与してきましたが、他方でつぎのような負の影響をもたらすことになりました。それは HIV/ エイズやマラリアという従来からある感染症に加え、エボラ出血熱やデング熱、SARS（重症呼吸器症候群）、ジカ熱など熱帯・亜熱帯地方の新しい感染症の地球規模の伝播です。感染者やウィルスを媒介する蚊なども飛行機が短時間のうちに地球の隅まで運ぶことになるからです。

　広範囲に広まる恐れのある感染症を封じ込めるためには莫大な費用がかかります。利便性という恩恵を受けている航空機利用者もその対策コストを支払う必要があるのではないでしょうか。その手段として航空券連帯税がもっとも適しているといえます。

　航空業界は、航空機利用客（負担者）が途上国の感染症（受益者）のために納税するのは、「受益と負担との関係が明確でない」との理由で航空券連帯税に反対しています。しかし、先進国から途上国への支援は ODA（政府開発援助）資金がそうであるように、もともと受益と負担との関係は切り離されたものです。つまり、ODA 資金は先進国の国家予算から支出されますが（負担）、それを活用し貧困対策や学校建設などなどをおこなうのは途上国です（受益）。まして感染症はいまや途上国だけの問題ではなく、地球規模の問題となってきており、とくに感染症の伝播に航空関連が深く関与して

◆ユニットエイドの財源：航空券連帯税（ATL）からの拠出分と年間予算（非ATL）からの拠出分

単位：1000ドル

| ATL | | | 非ATL | | |
|---|---|---|---|---|---|
| 国（財団名） | 2006～2013年 | 2013年 | 国（財団名） | 2006～2013年 | 2013年 |
| カメルーン | 1,430 | | ゲイツ財団 | 70,000 | 10,000 |
| チリ | 28,043 | 4,000 | ブラジル | 37,202 | |
| コンゴ共和国 | 1,090 | | キプロス | 2,555 | 488 |
| フランス | 1,289,764 | 149,457 | ギニア | 49 | |
| マダガスカル | 30 | | ルクセンブルク | 1,961 | |
| マリ | 928 | | ミレニアム財団 | 2,572 | 1,500 |
| モーリシャス | 10,426 | 1,685 | ノルウェー | 152,463 | 21,368 |
| ニジェール | 281 | | スペイン | 81,603 | |
| 韓　国 | 39,000 | 4,000 | 英　国 | 436,430 | 87,171 |
| | | | 合　計（ATL、非ATL） | 2,155,827 | 279,668 |

出所：UNITAID「年次報告書2013」

いることからして、むしろ受益と負担との関係で言えば、結びつきがより強いといえるでしょう。

　したがって、航空券連帯税の直接の納税者は国際線を利用する旅行客だとしても、航空業界はこれに積極的に協力し、CSR（社会的責任）の一環としてとりくんでいくことが期待されます。

## ■ ユニットエイドの創設と成果

　2006年9月、航空券連帯税による税収の使途先として、国際機関ユニットエイド（UNITAID）が創設されました。ユニットエイドは、途上国で猛威を振るう三大感染症のHIV/エイズ、結核、マラリア（この3つの感染症で年間400万人が死亡している）などの治療薬や診断薬を購入する機関として、フランス、チリ、ブラジル、ノルウェー、イギリスの5カ国で創設され、現在では28カ国と2つの財団が参画しています（ユニットエイドの運営、90ページ参照）。

　ユニットエイドの財源の64%は14カ国の航空券連帯税から、残りの36%は参画する各国と2つの財団の年間予算のなかから拠出されています（上の表参照）。どちらも収入額が予測できる財源なので、大量の治療薬や診断薬を定期的に低価格で買いつけることが可能になり、安定して最貧国に供給できるようになりました。

　2006年から13年までの実績では、ユニットエイドは21億1500万ドルを集め、つぎのような事業を実現してきました。

◆航空券連帯税の各国の課税ベースと税収

| | 国内域内線税額<br>(エコノミー / ビジネス以上) | 国際線税額<br>(エコノミー / ビジネス以上) | 税収見込み |
|---|---|---|---|
| **チリ** | 0/0 ドル | 2/2 ドル | 5-6 百万ドル |
| **韓国** | 0/0 ウォン | 1000/1000 ウォン | 15 百万ドル |
| **フランス** | 1/10 ユーロ | 4/40 ユーロ | 160-170 百万ユーロ |
| **マダガスカル** | 0/0 ユーロ | 1/2 ユーロ | 少額 |
| **モーリシャス** | 0/0 ユーロ | 1/2 ユーロ | 1 百万ドル |
| **ニジェール** | 0.76/3 ユーロ | 3.8/15 ユーロ | 少額 |

＊フランスの現在の税額は国内域内線で 1.13/11.27 ユーロ、国際線で 4.51/45.07 ユーロとなっている。
出所：フランス外務省革新的開発資金に関するリーディング・グループ常設事務局、2010 年 6 月

## ① HIV/ エイズ関係

・かつて存在しなかった抗HIV小児治療薬の開発と40万人の子どもたちへのHIV治療の実施（世界の75％に該当）
・800万人の妊婦へのHIVスクリーニング（血液からウィルスに感染しているかどうかを検査すること）の実施、80万人を超えるHIV陽性の妊婦に対する母子感染予防のための治療

## ②結核関係

・多剤耐性結核菌を検出する最先端技術の実験室施設への資金融資
・72カ国150万人への第一選択薬（イソニアジト）、第二選択薬（リファンピシン）両方の提供。小児結核治療薬の世界最大のサプライヤー
　＊第一選択薬や第二選択薬など通常の薬に耐性がついてしまったのが多剤耐性結核

## ③マラリア関係

・対マラリア治療薬アルテミシニン誘導体多剤併用療法（ACTs）を2億人へ提供
・マラリアが風土病である7カ国でのACT市場創設を、ACT当たり25セント〜2ドルの低価格で提供する革新的補助金交付アプローチを通して実現。以前は6.6〜8.8ドル

（「航空券連帯税に関する情報シート」リーディング・グループ常設事務局、2014 年 1 月より）

　このように航空券連帯税は、保健衛生のなかでも途上国の三大感染症対策の資金としてきわめて有効に活用されてきています。今後は、新たな感染症対策にも使われていくことが期待されます。ODA 以外の新しい資金源、しかも持続可能な資金としての期待が高まっているのです。日本でも、1 日も早い航空券連帯税の導入が望まれ、ユニットエイドへの資金拠出のみならず国内での感染症対策の資金にしていくことが望まれています。　（田中徹二）

# 18

# 資源採掘産業に税金をかけ、アフリカの子どもを救うしくみ

## ■ 画期的なしくみが誕生！

2015年9月28日、国連で画期的なしくみが誕生しました。名前はユニットライフ（UNITLIFE）。これは、石油、天然ガス、金、ウランなどの資源採掘産業に課税し、その税収をアフリカの子どもたちの栄養改善プログラムに充てるというものです。ユニセフによれば、同日、コンゴ民主共和国、ギニア、マリ、ニジェールが参加を表明しました。

## ■ 栄養失調の深刻さ

サブサハラ・アフリカの栄養失調は深刻で、5歳以下の子どもたちの3人に1人が栄養失調に苦しんでいます[*1]。栄養失調は、世界の子どもの死亡の約3分の1に当たる、年間260万人の子どもの死亡の間接的要因となっています。さらに、生きのびても今後15年間で約4億5000万人の子どもたちが発育阻害の影響を受けるともみられています。発育阻害とは、栄養失調が原因で、身体と脳が適切に発達しない状態をいいます。ナイジェリアでは、2015年までに新たに160万人の子どもたちが、タンザニアでは2020年までにさらに45万人の子どもたちが発育阻害になると予測されています[*2]。

しかも、栄養失調は途上国で貧困から抜け出そうとする人びとの生産性を下げ、結果として国全体の経済成長率を低く留めています。これらの国ぐにでは、国内所得の2〜3％が栄養失調のため失われていると推測されています。逆にいうと、栄養を十分に摂取する子どもたちは病気にかかりにくいため、保健医療費が削減でき、しっかり働くことができるため、経済成長にも貢献するのです[*3]。

実際に、栄養失調を20％減らすことができれば、その国の1人当たりGDPは11％増えるとユニットライフは試算しています。そこで、世界から

栄養失調をなくす第一歩として、2025年までにアフリカの5歳以下の栄養失調児を40%減らすという目標を掲げたのです。しかし、そのためには、これから10年間、毎年50億ドル（6000億円）の資金が必要となります。

　資源の豊富なアフリカ諸国が、資源採掘産業に課税をし、そのお金でアフリカの栄養失調の子どもたちを救っていこうというのがユニットライフなのです。

## ■ ユニットエイドが見本に

　ユニットライフ設立のヒントとなったのは、航空券連帯税というグローバル・タックスを財源として、HIV/エイズ、マラリア、結核などの感染症にかかった貧しい人びとが治療を受けられるようにしたユニットエイド（国際医薬品購入ファシリティ）の存在です (78・90ページ参照)。

　飛行機の乗客にわずかな税金をかけ、乗客にも、航空会社にも、観光産業にも何ら悪影響を与えることなく、貧しくて治療が受けることができなかった感染症の患者を助けるという実績をユニットエイドは上げています。たとえば、ユニットエイドが創設された2006年には、HIV/エイズにかかった1万人の子どもしか受けることのできなかった治療を、いまでは70万人の子どもたちが受けています。

　ユニットライフは、航空券連帯税の代わりに資源採掘税を採用し、途上国の貧しい人びとの感染症対策の代わりに、アフリカの子どもたちの栄養改善プログラムに応用したのです。

　また、ユニットエイドの意思決定機関である理事会は、これまでの国際機関のように政府代表だけではなく、NGO、財団などの市民社会、国際機関も理事になって、多様な関係者によって構成されています。その結果、多様な観点から税収の使い道を決めることができるのです (76・88ページ参照)。

◆コバルトの採掘をする子どもや大人

スマートフォンやタブレットなどに内臓されているリチウムイオンの電極として用いられるコバルト。コンゴは世界最大のコバルト生産国で、掘り出されたコバルトは世界中に輸出されている。

出所：アムネスティ・インターナショナル

## ■ 具体的な課税、運営

2017年に活動を本格化する予定のユニットライフですが、すでに具体的な課税の手段や運営方法についても議論されています。

たとえば、コンゴ民主共和国は国営石油企業が販売する石油1バレル（約160リットル）につき10セント（12円）の課税を、マリは金1グラム当たり同じく10セントの課税をおこない、その税収をユニットライフに納めます。予想される税収は、最初の段階では年間1億～2億ドル（120億～240億円）ですが、もし世界中の資源採掘産業に税金がかけられれば、その税収は年間1968億円になると試算されています。

また、ユニットライフは、ユニセフ（国連児童基金）が主管組織となり、政府、NGOなど多様なステークホルダー（利害関係者）で理事会を構成して、税収の管理などの運営をおこないます。ユニセフは、1946年に設立された、世界中の子どもたちの命と健康を守るために活動する国連機関です。すべての子どもたちの権利が守られる世界を実現するために、世界150以上の国と地域で、保健、栄養、水・衛生、教育、HIV/エイズ、保護、緊急支援、アドボカシー（政策提言）などの活動を実施しています。ユニットライフは、このユニセフのジュネーブ事務所に事務局を置き、活動していく予定です。

## ■ ユニットライフの画期性

ユニットライフは、2つの意味で画期的です。

1つ目は、「グッズ減税・バッズ課税」（52ページ参照）のグローバル版が現実化することです。ユニットライフは参加国政府を通じて、資源採掘産業という環境破壊や環境汚染のみならず、周辺に住む人びとの健康に害を与えた

＊1　　　UNICEF, " Hunger and Food Security "
＊2、3　　セーブ・ザ・チルドレン（2012）『飢餓のない人生を ──子どもの栄養不良への取り組み』
　　　　　〈http://www.savechildren.or.jp/scjcms/dat/img/blog/746/1329197163207.pdf〉

り、場合によっては立ち退きを迫ったりと、環境面でも、社会面でも、悪い影響を与える活動に課税をします（バッズ課税）。そして、税収を、アフリカの子どもたちの栄養を改善し、栄養失調を減らすプログラム、つまり社会的によいことに使うのです（グッズ減税）。これを一国だけでなく、アフリカを起点にグローバルにやっていこうというのですから、画期的と呼んでもよいでしょう。

　2つ目は、ユニットライフを引っ張っているのが、コンゴ民主共和国、ギニア、マリ、ニジェールという貧しい国ぐにだということです。これらの国ぐにはたしかに経済的には貧しいですが、天然資源はとても「豊か」です。たとえば、コンゴ民主共和国には、24兆ドル（約2880兆円）分の天然資源が眠っているといわれています。これらの資源を環境や社会にやさしい方法でうまく開発し、その税収で栄養失調や貧困を減らすなど、よい社会をつくるために役立てることができる可能性が芽生えています。

　たしかに、政府による汚職が深刻なアフリカで、集めた税がきちんとユニットライフに納税されるのか、などの課題はあると思います。しかし、たとえ経済的に貧しくても、自国の天然資源を生かし、よりよい社会をつくることができる。そしてそれを自国に留まらず、広く地球社会に広げることができる。そのような可能性を貧しい国ぐにがもつことをユニットライフは示しているのです。　　　　　　　　　　　　　　　　　　　　　　　（上村雄彦）

# 19

# 「緑の気候基金」で、
# 温暖化対策の資金を調達する

## ■ 別枠の資金源を創設する

　2011 年 12 月に南アフリカ共和国のダーバンで、世界の代表が集まって温暖化の対策を話し合う国連気候変動枠組条約締約国会議が開催されました。その場で、「緑の気候基金」（GCF）という温暖化対策を進めるための画期的な基金が創設されました。現在この基金へはアメリカ、イギリス、日本などの先進国のみならず、中国、モンゴルなど途上国も加盟しており、2015年現在 194 カ国が加盟国です。

　これまでの温暖化を防ぐための取り決めは、「京都議定書」（1997 年）という先進国だけに二酸化炭素の削減を義務づけるものでした。しかし、京都議定書はいまもっとも二酸化炭素を排出している中国や、その他インドなどのいわゆる経済成長が目覚ましい新興国と呼ばれる国ぐにへの削減義務がなく、このままでは温暖化の悪化を防ぐことができないなどの問題点が指摘されていました。

　このような新たな状況に対応するために、2020 年以降、京都議定書に代わって、すべての国ぐにが温暖化に対して義務を負う新しい議定書をつくろうとの話し合いが盛んにおこなわれてきました。その議定書に途上国の義務を盛り込みたい先進国と、先進国に義務づけられている温暖化対策資金を確実に獲得したい途上国、双方の思惑がこの緑の気候基金の構想で合致しました。

　これまで、地球温暖化の原因である温室効果ガスを大量に排出してきたのは先進国ですが、洪水、高波、干ばつ、熱中症といった直接の被害を大きく受けているのは、多くの場合途上国です。その代償として途上国は、これまでさまざまな国際機関から温暖化対策のために資金を獲得してきましたが、その額は総額で 1 兆円を超える程度で、本来必要な 1 年間で 160 兆円以上という額に比べると、あまりにも少ないと言うしかありません (68 ページ参照)。

　もし、この資金不足を埋めることができれば、途上国は効果的な温暖化対策を取れるようになり、新しい議定書の論議に途上国が加わることも容易になります。それを具現化するために設置されたのが、「緑の気候基金」なのです。

## ■ 集めたお金を公正に使うために

　緑の気候基金の目的は、途上国が洪水、高波、干ばつ、熱中症など、温暖化の悪影響に適応できるよう支援すること、そして温室効果ガスを削減し、二酸化炭素をあまり出さない国になるようサポートすることです。そのために、緑の気候基金は、あらゆるところから、あらゆる方法で、年間12兆円の集金を目標にしています。政府開発援助（ODA）が年間18兆円程度ですから、この目標が達成されれば、もう1つの途上国への支援システムが確立されることになります。

　緑の気候基金は、理事会、事務局、受託機関から構成されていますが、お金の集め方や使い方など、すべての事項を検討し、決定するのは理事会です。そのため、理事会がどのように構成され、どうやって意思決定をしているかが重要なポイントになります。

　①理事会の構成：先進国理事が12名、途上国理事が12名で、先進国と途上国の理事が同じ数になっています。また、先進国理事、途上国理事からそれぞれ1名ずつ議長が選出される共同議長制が採用されています。これは、力が強い先進国と弱い途上国が対等に意見を言い合い、決定できる運営のしくみにするためのものです。

　②オブザーバー制：緑の気候基金は、国の代表だけでなく、多様なステークホルダー（利害関係者）が意思決定に関わることを重視しています。その1つの体現が理事会へのオブザーバー参加です。

◆干ばつ

　オブザーバーは２つに分かれています。１つはただ理事会に出席し、状況を見守るだけの傍聴者ですが、もう１つは「アクティブ・オブザーバー」と呼ばれ、市民社会サイドから２名、民間企業サイドから２名——ともに先進国と途上国から１名ずつ選出され、以下の資格をもっています。

・理事会での議題に、議論したい項目の追加を要求できる

・外部の専門家の理事会への招聘を共同議長に推薦することができる

・理事会で理事に発言を要求することができる

・議決権はもたないものの、議長の許可を得て理事会で発言し、議論に参加することができる。

　一般のオブザーバーには、このような資格は与えられていません。

　③**民間セクター諮問グループ**：４名の理事に加え、途上国の企業セクターから４名、先進国の企業セクターから４名、市民社会から２名の専門家により構成され、理事会に民間セクターとの関わりについてアドバイスをおこなう諮問機関です。

　④**独立評価ユニット**：理事会の下に置かれていますが、理事会の活動について適正な評価をおこない、おかしなことがあればただすために設置された機関です。

　このように緑の気候基金は先進国と途上国の理事の数を同じにして、平等な意思決定ができるようにし、また「アクティブ・オブザーバー」という新たなカテゴリーを設け、市民社会が理事会の意思決定に関与できるようにしています。

　また、民間セクター諮問グループを創設し、民間セクターが理事会に対してアドバイスをできるようにし、自らの活動をただす独立評価ユニットを設けています。

　つまり緑の気候基金は、政府の代表だけが理事を務め、先進国の声が大き

◆高波

く反映される意思決定をしてきたこれまでの国際機関と比べて、先進国と途上国が対等な立場となり、いろんな人や団体の声を意思決定に反映できるようになっています。これらのことから、緑の気候基金の運営方法はかなり公正なものに設計されていることがわかります。

　このことは、何よりも年間12兆円という巨額の資金を集めるために、あらゆるセクターから、あらゆる方法で、あらゆるチャネルを通じて資金を「かき集め」なければならないという、緑の気候基金の「宿命」が形になったと考えることができます。

## ■ 緑の気候基金の課題とグローバル・タックス

　このような画期的なしくみをもつ緑の気候基金ですが、現在、大きな問題を抱えています。それは、十分なお金が集まっていないことです。年間12兆円の目標額に対して、15年度各国から拠出された額は1兆2240億円でした。緑の気候基金は、民間企業からの資金も期待していますが、企業は拠出した金額に見合う効果がないとお金を出しません。各国からの拠出金が突如10倍になることも、企業が巨額のお金をいきなり投資することも、現実にはあり得ないでしょう。

　そこで、緑の気候基金の集金方法としてグローバル・タックスが考えられています。たとえば、スイスが提案する地球炭素税を実施すれば5兆円、金融取引税（税率0.05%）を主要な国ぐにが実施すれば、年間78兆6000億円の資金が生み出されると試算されています（49ページ参照）。

　そのように考えると、緑の気候基金が必要な資金を得るために、国際社会や各国政府にグローバル・タックスの実施を求め、それが契機になって、グローバル・タックスが現実化していくというシナリオも、あながち夢物語ではないと思います。　　　　　　　　　　　　　　　　　　　　（上村雄彦）

# 20

# グローバル・タックスで
# 運営される国際機関が
# 出現すると……

## ■ 1% のための統治を変える

　地球環境破壊やグローバルな格差、貧困、紛争など、地球の問題を解決するためには、各国、NGO、企業の個別の努力だけではいかんともしがたいことは明らかです。

　たった 1% の富裕層がお金を儲け続けるしくみが、さまざまな問題を引き起こしています。問題を解決するために、不都合なルールを変えたくても、国際社会を運営しているのが、まさにこの 1% に属する人びとなのです。それを「1% の、1% による、1% のためのガヴァナンス（統治）」と呼んでいます。

　いまの状況を変革していくためには、これまでの発想の延長線上ではない革新的な構想が必要です。地球社会を 1 つの「国」とみなし、地球規模で税制を整え、みんなの意見が反映される民主的な「世界政府」をつくっていくこと、そのために、まずはその土台としてのグローバル・タックスを実現させることこそが、さまざま地球問題を根本的に解決する基礎となります。

## ■「国の下」にある国際機関

　現在、世界政府は存在しませんが、国連、世界銀行、国際通貨基金（IMF）などの国際機関が 300 ほどあります。これらの機関は加盟している各国政府からの拠出金で運営されています。この拠出金は各国の経済力の大きさによって決まっており、経済が強い国ほど多くのお金を出し、弱い国ぐには少ないお金を出すというしくみが一般的で、多くのお金を出した国ほど発言力が強くなっています。大きな影響力をもつ世界銀行や国際通貨基金はまさにお金を出せば出すほど強い発言力をもてる「1 ドル 1 票制」を採用しています。

　他方、国連の場合は、拠出金の大小に関わらず「1 国 1 票制」で各国に同等の発言力を保証していますが、最重要課題については、国連安全保障理事

会の常任理事国（アメリカ、イギリス、フランス、ロシア、中国）だけが決定権をもっています。

　国際機関はほとんどの場合、拠出金を出している政府代表が理事となり、理事会を構成しています。この理事会がお金の使い方を決定し、執行していきます。つまり、国際機関は加盟国から独立した第三者的存在ではなく、大国を中心に各国の思惑によって運営されているのです。

## ■ 国際機関が抱える3つの問題点

　国際機関がお金を集める・使うしくみには3つの大きな問題があります。

　**①使い方についての意思決定**：意思決定をするのは理事会ですが、理事会は各国の政府代表から構成されている場合がほとんどで、理事の第一の関心事はまずは国益を最大化すること。地球社会全体にとっての利益（地球益）は二の次になることが普通です。これでは、タックス・ヘイブンの規制やギャンブル経済の抑制など、各国の国益を超え、力を合わせて対処しなければならない課題の解決にはとうていおぼつきません。

　**②財源問題**：各国から拠出金が出なくなれば、とくに大国からの大口拠出金がなくなると、運営は立ち行かなくなります。実際に、国連は最大の拠出国であるアメリカが長期間にわたって拠出金を滞納してきたため、きわめて苦しい財政運営を強いられてきました。また財政面での大国依存は、政策面でも大国の言うことに配慮せざるを得ず、十分な自律性を保つことができません。

　**③説明責任の欠如**：「各国の拠出金」という言葉を使いますが、元は私たちの税金です。私たちのお金が、知らないうちに私たちの意思に関係なく使われ、何に使われたのかが十分に知らされていないのが現状です。

◆国際連合

## ■ グローバル・タックスを財源とする国際機関

このように国際機関の運営と財源問題は密接に結びついています。グローバル・タックスによって財源を確保できれば、加盟国から財政的に自立した機関をつくることができます。資金提供者が桁違いに多数で多様になり、意思決定に多様な意見を反映させる民主的な運営が強く要請されることになります。そのことによって、国益を第一とする各国に縛られず、純粋に地球益の実現に向かって政策をつくり、活動する基盤ができるのです。

## ■ ユニットエイドの運営方法

国際機関の財源と運営方法はとても重要です。航空券連帯税を財源にして運営されている国際医薬品購入機関であるユニットエイド（UNITAID）について見てみましょう（78 ページ参照）。この国際機関の財源の 64％が、航空券連帯税の税収で賄われています。グローバル化の恩恵を受けている飛行機の利用客（豊かな人びと）に課税し、その税収を HIV/ エイズ、マラリア、結核という三大感染症に苦しんでいる貧しい人びとの治療向上に当てています。

航空券連帯税という多数で多様な納税者から納められる税収を主財源とするユニットエイドの理事会は、政府代表で構成されるこれまでの国際機関の理事会とは性格が異なっています。現在、フランス、ブラジル、チリ、ノルウェー、イギリス、スペインから各１名、アフリカ連合、アジアから各１名、市民社会から２名、財団から１名、世界保健機関（WHO）から１名で、理事会は政府代表だけに留まらず、市民社会、財団、国際機関の代表者によって構成されています。意思決定に市民社会や現場の思い、多様な意見を反映させ、国益ではなく当事者の利益のための決定を試みています。

また、機関がきちんと運営されているかどうかを第三者の視点で確認する

◆ユニットエイドのロゴ

ために、評価について理事会に報告をおこなう独立運営委員会を創設し、イ
ギリスの国際開発コンサルタント会社に過去5年間の評価を依頼しました。
そこでも「ユニットエイドは、正しいことを、正しい方法で、大きなインパ
クトを与えている」といった前向きな評価が下されています。

## ■ そして、世界政府へ……?

　現在の世界は「1% の、1% による、1% のガヴァナンス」、つまり少数の富
裕層や強者によって運営されています。しかし、さまざまなグローバル・タッ
クスが導入され、それに伴って独自の財源が確保され、多様なステークホル
ダーによる意思決定のしくみを備えた超国家機関が多数創設されることにな
れば、「1% のガヴァナンス」は大きく変革を迫られることになります。

　さらに長期的な話ではありますが、個別に運営されていたグローバル・
タックスを財源とする国際機関が、1 つの機関（国内レベルの財務省のよう
な機関——グローバル租税機関）に統合され、その機関がすべての税を管理
する可能性も考えられます。そして、財力と権限をもったグローバル租税機
関が常に透明性をもって民主的な運営と説明責任を果たすことを確実にする
ために、「グローバル議会」といったものが設立されるかもしれません。

　グローバル議会は、グローバル・タックスによって得られた税収の使い道
を議論し、実施国や実施機関、さまざまなプログラムやプロジェクトに対し
て資金を供給する決定をしていくことになるでしょう。もしこのような構想
が現実になれば、世界政府創設のきっかけとなるかもしれません。

　このような考え方は、あまりに「空想的」と思われるかもしれません。し
かし、欧州連合がその執行機関である欧州委員会を設立し、それに欧州議会
を対置させ、実際に機能している現実を踏まえると、あながち「空想的」と
はいえないと思うのです。　　　　　　　　　　　　　　　　　（上村雄彦）

# プチ・グローバル累進的資産課税の提案

ピケティは『21世紀の資本』で、地球規模の累進的資本（資産）課税の実施を提言しています。ただし、ピケティはこの税制の採用はまだユートピア的な理想の段階だと断っています（しかし、まずは地域や大陸単位で課税をはじめることは可能だと述べています）。

ここでは、プチ・グローバル累進的資産課税を検討してみましょう。世界の超富豪（10億ドル＝1200億円以上の資産をもつ個人、ビリオネア）に直接課税する構想です。

「フォーブス」誌の「2015年度ビリオネアリスト」によると世界には1826人のビリオネアがいて、純資産は合計7兆500億ドルになるとされています（14年度は6兆4000億ドル）。これらの資産に1％の課税をすれば705億ドル＝8.46兆円になります。世界のODA総額（28カ国と欧州連合）は14年で1352億ドルですから、1826人の資産に1％の税金をかけることでODA総額の半分強が賄えることになります。2000人余りの人が途方もない資産をもっていることにあらためて驚かされます。この資産に課税して、その税収を貧困対策などに使います。

この構想は、国連経済社会局の報告書『世界経済社会調査』（2012年版）で貧困国対策の財源の1つとして検討され、1226人の資産4兆6000億ドルに課税して460億ドルの税収を推計しています。また、ILO（国際労働機関）でも富裕層への直接税を提案しています（『世界労働レポート2011』参照）。

『21世紀の資本』でも「フォーブス」誌のビリオネアの人数や総資産を1987年からグラフ化しています（「第12章　21世紀における世界的な富の格差」）。人数も資産もうなぎ上りです。

興味深いのは、世界一の大金持ちのビル・ゲイツ氏とアップルの故スティーブ・ジョブズ氏との資産の対比です。ジョブズ氏は明らかにゲイツ氏にもまして才能ある企業家でしたが、資産を比較するとジョブズ氏の資産はゲイツ氏の6分の1しか保有していませんでした。

ピケティは「（これは）明らかに、富は功績の問題ではない。こうなる理由は単純で、相続財産の収益率がとても高いのは単に、当初の財産規模が大きいからというだけのせいなのだ」（457ページ）と分析しています。（田中徹二）

# 第4章
## 金融取引税で世界が変わる

# 21

# カジノ・ゲームのような
# グローバル金融

## ■金融は、経済の血液

2009 年以降、グローバル・タックスのなかでも、もっとも話題に上るのが「金融取引税」（Financial Transaction Tax）です。金融取引税とは、その名の通り、市場で売り買いされるさまざまな金融商品の取引に税をかけるものです。

私たちの生活でもっとも身近な金融商品は、銀行、郵便局などでの預貯金ですが、預貯金は取引されません。市場で売買される代表的な金融商品というと株式や債券などになります。

「金融」とは、お金の融通のことです。融通には「金銭の流通、金銭などをお互いの間でやりくりすること」という意味があります。お金のやりくりとは、お金が余っているところから足りないところへ移動＝流通させることです。たとえば、私たちが銀行などの金融機関に預けた預貯金は、企業がモノやサービスを生み出すための事業資金として貸し出されます。そしてつくられたモノやサービスを消費者が買えば、企業は利益を上げ、金融機関から借りた資金に利子をつけて返済することができます。そしてまた資金を借り……と、さらなる事業を拡大していくことができます。

私たちの健康な生活には体を循環する血液が不可欠なように、金融は経済活動になくてはならない重要な役割をもっているのです。このような特徴を捉えて、金融は経済の「血液」と呼ばれています。

お金の流れには、「間接金融」と「直接金融」の２つがあります。

①**間接金融**：銀行を通じたお金の融通。お金をもっている人と借りる人とのやりとりに金融機関が入ることで、貸し借りの関係が間接的になります。

②**直接金融**：銀行を通さないお金の融通。お金を貸す人と借りる人が直接関係をもちます。国や地方自治体、企業が「株式」や「債券」といった有価

証券を発行し、市場で投資家に買ってもらうことで資金を調達します。株式を買った投資家は、企業の経営へ参加できたり、投資額に応じて利益のなかから配当金がもらえたりします。債券を買った場合には、投資家は基本的に半年に1回、利子を受け取ることができます。そして決められた期限が来たら、最初に購入した金額の償還と利子を受け取ります。

このような金融のしくみの中心を担っているのが銀行や証券会社といった金融機関です。お金の流れが滞らないことで、国内外の公的・私的な経済活動が循環します。

## ■ 金融商品にリスクはつきもの

発行された株式や債券は、株式市場、債券市場などそれぞれの市場で売買されます。そのやりとりを「金融取引」と呼びます。市場での取引価格は、ごく直近のできごとや中長期の経済状況などさまざまな要因によって変動します。たとえば、閣僚などの株価に対する発言や企業の不祥事報道によっても市況が乱高下します。

金融取引にはリスクが避けられません。買った価格（元本）よりも安値でしか売れない元本割れの可能性を「価格変動リスク」、金融機関自体が破たんしてしまう「信用リスク」、金融商品を必要なときに売って現金化することができない「流動性リスク」といったさまざまなリスクがあります。

金融取引に伴うリスクが大き過ぎると、企業は安定して資金を集めることができません。そこで、金融機関はリスクを少しでも分散するために、多種多様な金融商品を開発してきました。

今日もっとも取引規模が大きい金融商品の1つは「デリバティブ」です。「派生」という意味で、株式や債券といった元々の金融商品（「原資産」）から派生した金融商品の一群です。代表的なものに「先物取引」があり、取引

◆金融取引高の変遷（対GDP比、取引種類別）

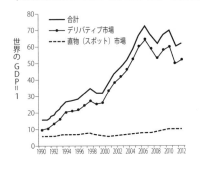

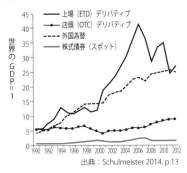

出典：Schulmeister 2014, p.13

する金融商品の価格が将来的に変動することを見越して、将来おこなう売買を契約時の価格で契約します。たとえば、とうもろこしの場合、3年先のとうもろこしの価格を予測して、現時点の価格でとうもろこしを買いつけます（ただし、実際にとうもろこしを移動させるわけではなく、3年後にこの価格でとうもろこしを引き渡してもらえる債券＝紙の証明書が発行されます）。とうもろこしの価格が上がっていけば、この債券の価値も上がっていきます。その反対も同じです。3年前に100万円で売買契約をしたものが3年後に30万円になってしまえば、100万円の債券で引き渡されるとうもろこしも30万円分にしか過ぎません。

　寒波や干ばつ、猛暑などによって農産物の価格は急騰しますし、紛争などによって原油や鉱物資源の価格も上昇します。価格変動は誰にも正確に予測できません。金融商品のリスクは高ければ高いほど、取引から利益を得ることができます。これを「ハイリスク・ハイリターン」といい、これをねらって多くの金融取引が活発におこなわれているのです。

## ■ カジノ・ゲームのような金融取引

　金融の本来の役割は実体経済の活動を下支えすることにありますが、現代の金融取引の規模は企業の生産活動や消費の規模をはるかに超えています。世界の生産や消費に必要とされる貿易・取引のお金は、1年間で約8兆ドルといわれています（『金融危機は再びやってくる──世界経済のメカニズム』伊藤正直、岩波ブックレット、2012）。それに対し、2013年のデリバティブ市場だけでも年間693兆ドル（約8京3160兆円）に上ったとされています。

　最大規模の金融市場は、通貨の取引をおこなう為替取引市場ですが、その1日当たりの平均取引高（2013年）は、5兆3000億ドル（約636兆円）でした。ちなみに、日本のGDP（国内総生産）は、478兆6382億円（2013

◆金融取引高の変遷（対 GDP 比、地域別）

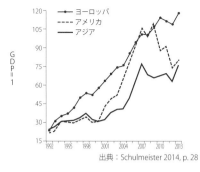

出典：Schulmeister 2014, p. 28

＊ 1　Schulmeister, S., 2014. "The Struggle Over the Financial Transactions Tax？A Politico-economic Farce", WIFO Working Paper No. 474.「1990 年から 2007 年にかけて世界の金融取引は、世界の GDP 総額に対し 15.5 倍から 72.4 倍の規模にまで伸びた」と推定している。
<http://www.wifo.ac.at/jart/prj3/wifo/resources/person_dokument/person_dokument.jart?publikationsid=47272&mime_type=application/pdf>

年）ですから、それをゆうに超えた金額が１日で売り買いされているのです。金融市場の圧倒的に大きな規模は、生産や消費といった実体経済とは大きくかけ離れていることがわかります。

　これほどまでに金融経済の規模が拡大したのは、ここ数十年ほどの間ですが（96・97 ページ図参照（＊ 1））、それにはいくつかの要因が考えられます。

　①インターネットなどの通信技術の発達によって、国境を越える取引が格段に簡単になったこと

　②金融経済活性化のため、主に先進諸国が金融規制を撤廃してきたこと

　③巨額をつぎ込んで短期的利益の獲得だけをもくろむ「ヘッジファンド」などハゲタカのようなの投資グループの存在

　④デリバティブ取引のように簡単に、何度でも元の商品の量をはるかに超える規模で売買することが可能なさまざまな投機的金融商品の開発

　こうした取引自体は、リスクを回避したり分散したりするための、１つの有効な選択肢だったはずです。しかし、傍若無人に取引をくり返し、利益だけを追い求め、市場を混乱させる金融活動が、実際にくり返されてきました。きわめて短期的に取引をくり返し、荒稼ぎする「投機」は、まるでお金を使ってギャンブル・ゲームをしているようです。このような金融市場の特徴を、イギリスの国際政治経済学者スーザン・ストレンジ教授は「カジノ資本主義」と呼びました。

　2008 年以降の世界的な金融危機の要因の１つは、投機的なデリバティブ取引でした。このような金融取引をおこなっていた金融機関が破たんに直面し、政府が救済金を支給するというモラルハザードも起こっています。これこそが、金融取引を抑制する必要性や金融機関の責任問題を通じて、金融取引税が活発に議論されるようになった背景なのです。　　　　　（津田久美子）

# 22

# 金融取引税に
# 期待されていること

## ■ 金融取引税のしくみ

　金融危機をきっかけに、2009 年以後、金融機関の企業利益などに税をかける金融活動税、銀行税といった金融セクターに対する課税が、あちこちで議論されています。とりわけ検討が進み、実際にヨーロッパで実施が計画されているのが金融取引税です。

　金融取引税とは、その名の通り金融取引に税をかけるもので、市場で取引されるさまざまな金融商品が税の対象になり、金融商品の取引をおこなう度に課税されます。

　実際の例として、欧州連合（EU）で進んでいる EU 金融取引税の法案の内容を紹介しましょう。

　EU 金融取引税は、主に株式、債券、デリバティブの 3 つの金融商品の取引を税の対象とし、これらの金融取引をおこなう金融機関の売り手と買い手の双方に課税する方式となる予定です。2013 年に発表された法案では、株式と債券の取引には 0.1% 以上、デリバティブの取引には 0.01% 以上の課税を各国に求めることが提案されました。

　2012 年当時の EU 全加盟国（27 カ国）でこの金融取引税を実施すれば、年間約 570 億ユーロ（約 7 兆 9800 億円[*1]）の税収が見込まれると推計されていました（2013 年にクロアチアが加盟し、2016 年現在 EU 加盟国は全 28 カ国）。

## ■ よりよい金融システム、よりよい税制への期待

　金融取引へ税をかけることで、世界にどんな変化が起こるでしょうか。

　まず、金融取引税には、不安定な金融市場を落ち着かせることが期待されています。今日、コンピューターを駆使することで、数千分の 1 秒単位も

の速さで金融取引をおこなう「高頻度取引（High Frequency Trading）」が
おこなわれています。これが、金融危機につながる市場の不安定を招く要因
の１つであると考えられています。

　このような高頻度の取引に対して、１回の取引ごとに税をかければ、取引
を短期的にくり返すほど税の負担が大きくなります。そのため、過度な取引
を抑制する効果があるとされています。

　また、EU では金融取引税の導入をきっかけにして、各国の税制を揃える
という目的も掲げられています。現在は、各国それぞれ独自の税制が採用さ
れていますが、国ごとに税制が異なると、手続きが複雑でビジネスがやりづ
らかったり、きちんと税が納められているかわかりにくいという問題もあり
ます。そこで EU 内で共通の税制を採用することで、魅力的なヨーロッパ市
場が出現するという期待も寄せられています。

## ■ 金融危機対策の財源を確保する

　さらに、金融取引税は、金融危機のために費やされた資金をまかなう財源
として期待が寄せられています。金融危機が起こり経営破たん寸前まで追い
込まれたいくつかの金融機関は、政府からの融資や国家の管理下に入る形
で支援を受けました。この公的資金の出所は、国民の税金や政府発行の債
券（「国債」）です。民間企業が倒産の危機に陥っても、公的資金が直接注ぎ
込まれることは通常考えられませんが、巨大な金融機関が破たんすると、社
会全体に及ぼす悪影響がはかりしれないために、政府は救済せざるを得ない
事態に立たされるのです。これは「大きすぎてつぶせない（too big to fail）」
問題と呼ばれています。

　2011 年の試算によれば、EU では、金融危機の期間中、4 兆 6000 億ユー
ロ（約 644 兆円）もの救済支援がおこなわれました[*2]。金融セクターへ

投入された公的資金は膨大な金額で、各国政府の財政をひっ迫しました。国の財政が苦しくなれば、医療、教育、社会福祉といった公的サービスの支出を切りつめる「緊縮財政」路線が導入されます。金融危機によって景気が後退するなかで、多くの人が職を失いました。そのうえ、公共サービスが廃止されたり、料金が上がったりすれば、生活は苦しくなるばかりです。

多くの納税者が失業や景気低迷にあえいでいるのに、公的資金の注入で救われた金融機関の役員が責任も取らず、多額の報酬を受け取っていることが報道されると、市民から非難の声が上がりました。

また、金融サービス事業は VAT（付加価値税、日本では消費税に相当）が非課税という優遇を受けており、きちんと税を納めて企業責任を果たすべきだという指摘も出てきました。

こうしてドイツなどヨーロッパの国ぐにから、首脳や大臣らが金融取引税への支持を表明しはじめたのです。

## ■ 地球規模の問題を解決するための財源

金融取引税に寄せられる別の関心は、地球規模の課題に対する費用の財源としての活用です。かつて、フランスのサルコジ大統領は、とくに熱心にその重要性を主張していました。

2011 年、サルコジ大統領は自国のカンヌでおこなわれた G20 サミットで、グローバル・イシューの解決のために金融取引税を実施しようと提案しました。しかし、アメリカ、イギリス、カナダなどがこれに反対して、導入への道筋をつけることができませんでした。

金融取引を通じて巨額な利益を上げている金融機関は、国の経済、ひいては政治にまで大きな影響力をもっています。金融取引税の導入に反対する国ぐには、自国経済の反映に不可欠な金融街（アメリカのウォール・ストリー

＊1 　本書では1ユーロ＝140円で換算する。
＊2 　European Commission, 2011. "Financial Transaction Tax: Making the financial sector pay its fair share", Press Release, IP/11/1085. < http://europa.eu/rapid/press-release_IP-11-1085_en.htm>

トやイギリスのシティなど）を守るため、そこで活動し利益を上げる金融機関に配慮しているのです。あるいは政治家、政府高官自体が金融機関の出身であることから金融取引税には消極的なのです。

　結局、サミットの期間中に金融取引税をグローバルに実施する約束は取りつけられませんでしたが、カンヌ・サミットが閉幕したあと、サルコジ大統領は、「金融取引税は金融危機対策の財源としてだけではなく、道徳的に絶対に必要だ」と述べたといわれています。

　EU では、金融取引税として見込まれている財源にさまざまな期待が寄せられています。地球規模問題の対策のため、各国の財源や金融危機の対策基金に充てるため、新たな EU の独自財源のため、といった案があります。

　ヨーロッパの NGO は、金融取引税で集めた資金を開発や環境問題のために使うべきだと主張し、さまざまな運動を展開しています (116ページ参照)。

　このように、金融取引税には、①投機を抑え、金融市場を安定させる、②金融業界に金融危機に対する責任を取らせる、③税収をさまざまな問題解決の財源に充てるなど、実に多くの効果が期待されています。　（津田久美子）

# 23

# 世界ではじめて
# EUで金融取引税の実施が
# 合意された

## ■ EU（欧州連合）で金融取引税のとりくみが進む

　2015年12月、「独仏を含むユーロ圏10カ国は8日、共通の金融取引税の導入に向け部分的に合意した。税率などの残る部分については来年半ばまでの合意を目指す」（ロイター通信、2015年12月8日）と報道されました。

　EUは現在、ヨーロッパの28カ国が加盟する地域の政治機構ですが、そのうち10カ国が金融取引税の実施に合意したことになります。こうした複数の国による金融取引税の実施の決定は、世界ではじめてのできごとです。

## ■ 金融危機をきっかけにはじまった議論

　金融取引税の議論のはじまりは、2008年から世界に広がった金融危機がきっかけでした（12ページ参照）。日本を含む世界の20カ国（19カ国とEU）の首脳たちが世界経済・金融について話し合うための会合、G20サミットでは、2009年11月、話し合われたテーマの1つに、金融危機の発生に深く関わった金融機関の責任問題がありました（ピッツバーグ・サミット、104ページ写真）。その責任問題のポイントは主に2つにまとめられます。

　①金融機関が金融取引を過度におこなったり、複雑で不透明な金融商品を取り扱ったりして市場を不安定にした責任。

　②一部の金融機関が危機によって破たん寸前となったとき、国から多大な救済金を受け取った責任。

　このような責任に対し、金融機関はどのように公平かつ実質的な貢献をすべきかが問われたのです。この責任追及の方法として、サミットの会合で金融取引税の実施を主張したのが、フランスとドイツでした。しかし、これにアメリカやカナダ、オーストラリアなどが反対しました。そして、翌年以降のG20サミットでも、金融取引税などのアイデアが議論されては、反対国

によってその実施に向けたとりくみは阻止され続けました。

## ■ EU での金融取引税指令案の前進

　一方、EU では金融取引税の議論が着々と進みつつありました。フランスとドイツが G20 サミットで金融取引税の検討を提案したように、ヨーロッパのいくつかの国ぐにでは、金融取引税に関心が寄せられていたのです。

　EU の市民による直接選挙で議員が選ばれる「欧州議会」は、2010 年 3 月、金融取引税に関する決議を採択します。決議では、国際的に金融取引税を実施すると、国際的な課題（グローバル・イシュー）のための財源や EU の予算にどれくらい貢献できそうか調査せよ、と求められました。

　これを受けて、EU のなかで指令案を提出する権利をもつ「欧州委員会」と、EU に加盟する各国の大臣が集まる「EU 理事会」は、金融取引税を含むさまざまな手段を検討していきました。このとき欧州委員会は、グローバル・イシューのためのグローバル金融取引税の実施を提案しています。EU の首脳が集まる欧州理事会（EU サミット）でも、このようなグローバルなレベルでの税の実施を EU がリードして進めていくことが決議されました。

　しかし、先に見たように、グローバルな金融取引税の実施は G20 サミットで反対され、うまく導入できませんでした。そこで 2011 年 9 月、欧州委員会は、EU の全加盟国で実施する EU 金融取引税の指令案を発表するに至ります。

　この指令案を可決するためには、欧州議会の同意と EU 理事会の参加国全員の同意（「全会一致」）が必要です。しかし、この指令案にイギリスやスウェーデンなどが、EU の国ぐにだけでの実施では、税を嫌って金融取引がヨーロッパの外に逃げてしまう、といった理由で導入に反対しました。

　反対国がいるかぎり、EU 全加盟国の金融取引税は可決されません。この

◆金融取引税が議論された G20 ピッツバーグ・サミット

出典：外務省ホームページ

ようななかでも、欧州議会は賛成多数で指令案の実施を採択しました。しかし、全会一致が見込めないため、EU 理事会での採択はおこなわれませんでした。

　しかし、以前からフランスやドイツが金融取引税の実施を強く求めていたこともあり、この理事会で各国の財務大臣たちは、「強化された協力（enhanced cooperation、『先行統合』とも訳される）」という手法を用いて、一部の加盟国で先行して金融取引税を導入する手続きを検討することを決定しました。「強化された協力」とは、EU のなかにはさまざまな事情をもつ加盟国があることを念頭において、まずは一部の国ぐにで先に政策を進めることができる手続きです。

　EU の条約は、全加盟国のうち 9 カ国以上集まれば強化された協力の手続きを利用できると定めています。2012 年 10 月、EU 理事会の会合でベルギー、ドイツ、エストニア、ギリシャ、スペイン、フランス、イタリア、オーストリア、ポルトガル、スロベニア、スロバキアの 11 カ国が金融取引税を実施したいと表明し、これを受けて、欧州委員会は強化された協力の手続きを利用する指令案を発表しました。

　この指令案は、2012 年 12 月の欧州議会での圧倒的多数による可決、そして 2013 年 1 月の EU 理事会での承認を受け、可決しました。このようにして、11 カ国による EU 金融取引税の実施に向けた道筋が、ついに法律によって定められたのです（冒頭で紹介した 2015 年 12 月の部分合意は「10 カ国」となっていましたが、これはエストニアが一時的に参加を見合わせたことによります）。

## ■ EU 金融取引税の挑戦

　EU では、可決した強化された協力の手続きに基づき、金融取引税を実施

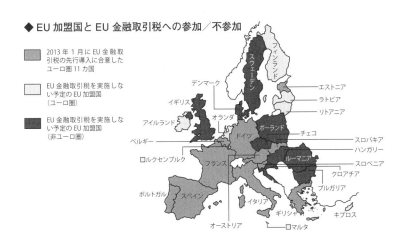

◆ EU 加盟国と EU 金融取引税への参加／不参加

2013 年 1 月に EU 金融取引税の先行導入に合意したユーロ圏 11 カ国

EU 金融取引税を実施しない予定の EU 加盟国（ユーロ圏）

EU 金融取引税を実施しない予定の EU 加盟国（非ユーロ圏）

フィンランド／スウェーデン／デンマーク／エストニア／ラトビア／リトアニア／イギリス／オランダ／アイルランド／ポーランド／ドイツ／チェコ／スロバキア／ベルギー／ハンガリー／ルクセンブルク／フランス／ルーマニア／スロベニア／クロアチア／ブルガリア／ポルトガル／スペイン／イタリア／ギリシャ／キプロス／オーストリア／マルタ

するための具体的な内容が協議されてきました。2015 年の年末、約 3 年の間なかなか決まらなかった課税対象の金融商品について、ようやく合意がなされたところです。この間、EU 内に金融取引税の実施になお反対する国ぐにもいて、議論はなかなか簡単には進みませんでした。

　せっかく一部の賛成国で集まって EU 金融取引税の実施を決めたのに、なぜ反対国が関係するのでしょうか。その理由は、金融取引税の根本的な特徴である、国境を越える税であることに関係します。あらゆる金融商品は国境を越えて取引されています。EU 金融取引税は、国境をまたいだ売り手と買い手の双方に対して税をかけます。つまり、たとえばつぎのようなことが起こります。EU 金融取引税を実施しないイギリスや日本の金融機関が、税を実施するドイツやフランスの金融機関と取引をする場合、フランスやドイツだけでなく、イギリスや日本の金融機関も税を支払うことになるのです。この点に関しては、賛否両論の議論がいまも続いています。

　このような論争があるなかでも、EU 金融取引税を進めていこう、という各国の意思は保持されています。フランスやイタリアでは、EU の法律に先がけて、国内で金融取引税を実施する法律を可決し、すでにそのとりくみが進んでいます。

　2015 年 12 月の合意が「部分」合意とされているように、何 % の税率とするかといった内容については、2016 年 6 月までに妥結することが目指されています。当初、EU 金融取引税は 2014 年からの導入が予定されていましたから、スケジュールは大幅に遅れています。しかし、これまで何度か実施開始時期を延期しながら、各国は実施に向けて協議を続けてきました。EU 金融取引税の挑戦は、いまも続いています。　　　　　　（津田久美子）

## 誤解されがちな金融取引税

金融取引税をめぐっては、賛否両論、さまざまな意見が交わされています。その議論のなかには、ときとして事実に基づかない指摘や誤解もあります。よくある批判は、金融取引税は世界中で一斉に実施しないと意味がない、というものです。国境を越える取引への税なので、一国がやっても効果は得られないのではないか、という意見です。

たしかに、一国が導入しても世界中の金融市場の過度な取引を抑制することはできないかもしれません。しかし、世界中の国が集まらない限り金融取引税が実施できない、意味がない、というのは間違いです。事実として、あらゆる国がさまざまな形で実施しています。よく指摘されるのは、イギリスの「印紙税」という株式取引への課税制度です（イギリスは EU 金融取引税に反対していますが、実は自国で似たような税をもっているということになります！）。ちなみに、日本にもかつて「有価証券取引税」という制度が 1999 年までありました。日本を含め、世界のかなりの多くの国が、現在は金融取引税を実施していなくても、かつて実施していた経験をもっています。　　　（津田久美子）

**イギリスの NGO「Stamp Out Poverty」が、2010 年に公表した論文「金融取引税をめぐる 12 の誤解」**

| その1 | 金融取引税は世界一律に実施しないと意味がない？ |
|---|---|
| その2 | 金融取引税は簡単に脱税できる？ |
| その3 | 金融取引税のコストは結局一般庶民が負うことになる？ |
| その4 | 年金生活者が損をさせられる？ |
| その5 | 金融取引税は経済成長を阻害し、失業者を増やし、経済に害を与える？ |
| その6 | 金融取引税は結果的に雇用を減らす？ |
| その7 | 金融取引税はたしかによい政策のようだが、本気でそんなものを導入しようと考えている者などいない？ |
| その8 | 金融取引税は市場の流動性を低下させ、資本コストを上昇させて、広義の経済活動に悪影響を与える？ |
| その9 | スウェーデンにおける金融取引税の失敗は、金融取引税が機能しないことの証拠である？ |
| その10 | 金融取引税はブリュッセルの欧州委員会が EU の財政状態を改善するために導入しようとしているものである？ |
| その11 | 金融取引税が導入されても、政治家たちはその税収を最貧国の開発や気候変動対策に使おうとはしないだろう？ |
| その12 | 金融取引税よりも金融サービスを対象とする付加価値税（VAT）、もしくは金融活動税（FAT）を課すほうが望ましい？ |

「金融取引税を巡る 12 の誤解」（国際連帯税フォーラム訳）参照。
国際連帯税フォーラム Web サイト <http://isl-forum.jp/archives/159>

# 第5章
# グローバル・タックスの
# 実現に向けて

# 24

# 世界の問題を解決する
# 革新的開発資金を
# 創り出すために

## ■ ミレニアム開発目標の登場

　21 世紀を迎えるにあたって、2000 年 9 月の国連総会は「ミレニアム宣言」を採択し、平和と安全、開発と貧困、環境、人権など、21 世紀の国際社会がとりくむべき大きな課題を示しました。ミレニアムとは「千年紀」のことです。つまりこの宣言は、人類社会における千年単位の区切りのなかで、大きな問題に挑戦しようという表明といえるでしょう。この宣言に沿って、とくに開発と貧困の問題に焦点をあてて具体的な解決目標をまとめたのが 8 つのミレニアム開発目標（MDGs、44 ページ参照）です。

　グローバル化の負の側面があらわになってきた 1990 年代に、さまざまな国際機関や国際会議で改革目標が打ち出され、その達成によって国際社会が全体として発展し、安定していくことが期待されました。しかし、目標達成のためには当然ながら、年間数千億ドルもの莫大な資金が必要とされました。

　2002 年には、資金問題を検討する国連の国際会議が開かれています。ODA を国際公約である国民所得比 0.7% へと増額すべきとする議論がなされ、それと同時に、ODA を補完するための革新的な開発資金の調達方法（革新的開発資金調達）を考え出し、実施していくべきだという主張がなされました。ODA には、量の面で限界があるとともに、先進国政府の都合で実施されているため、予測可能性、安定性といった質の面でも問題があり、その欠陥を補う資金の創出が求められたのです。

## ■ 革新的開発資金とは

　国際会議で提起された革新的開発資金調達とはどんなものでしょうか。ミレニアム開発目標に強い関心をもっていたフランスのシラク大統領は、資金問題を検討する作業グループを設置し、新しい方法を打ち出す準備をし

ました。この作業グループのメンバーは、政府、国際機関、経済界、学界、NGO など多様な領域から選出され、2004 年には報告書を公表しています。この報告書は作業グループ代表者の名前をとって、「ランドー・レポート」と呼ばれています。

　また、同じ時期にフランス、ブラジル、チリ、スペインの 4 カ国政府の関与のもと、「革新的資金調達メカニズムについての専門家グループ」が組織され、このグループも 2004 年に報告書を公表しています。

　この 2 つの報告書は、従来の ODA の重要性を指摘したうえで、それとは異なる革新的開発資金調達の方法や提言をさまざまな角度から検討しています。主な項目をあげてみましょう。

・各種の国際課税（グローバル・タックス）の導入
・市場の原理を活用した IFF（国際金融ファシリティ、先進国政府が保証する債券の発行）
・新 SDR（IMF= 国際通貨基金の特別引出権）の創設
・クレジットカード使用時の自動寄付
・タックス・ヘイブンの規制
・移住労働者の送金支援策の導入
・社会的責任投資の推進

　直接的な方法、間接的な方法がいくつか提起されていますが、なかでも、グローバル・タックスがもっとも有効な資金源として推奨されたのです。さまざまな種類のグローバル・タックスが提案されています。

・**金融関係**：通貨（外国為替）取引税、証券取引税、金融取引税など。
・**交通関係**：航空輸送税、海上輸送税、海峡通行税など。
・**その他**：環境税、武器取引税、インターネット利用税、多国籍企業税など。

◆第8回 革新的開発資金に関するリーディング・グループ総会（東京）

　いずれも、国境を越える活動に課税し、税収はグローバルな課題解決の資金源となります。従来のODAを補完する手法と位置づけられ、予測可能であり、安定的な性格をもった資金源とされています。

## ■ 革新的開発資金に関するリーディング・グループの結成

　フランス政府は、革新的開発資金調達に関心をもつ国ぐにの政府、国際機関、NGOに呼びかけ、2006年2月末から3月はじめにかけてパリで「連帯とグローバリゼーション：革新的開発資金メカニズムに関するパリ会議」を開きました。これを契機に、有志国政府の集まりである「革新的開発資金に関するリーディング・グループ」（この項では以下、リーディング・グループ）が結成され、国際連帯のためのグローバル・タックス（国際連帯税）の推進が目標とされました。

　リーディング・グループの参加国は、創設当初の38カ国から徐々に増加し、現在では66カ国に拡大しています。日本政府も当初はオブザーバー参加でしたが、2008年に正式にメンバー国になり、2010年には東京で開かれたリーディング・グループ第8回総会の議長国になっています。日本政府が正式参加するにあたっては、超党派の国会議員組織である「国際連帯税創設を求める議員連盟」が大きな役割を果たしました。議員連盟は、国際連帯税に関心をもつ与野党の議員が集まり2008年に設立されました。その活動は、2006年のパリ会議に参加したオルタモンドや2009年にはアシスト（国際連帯税を推進する市民の会）、さらに2011年には国際連帯税フォーラム（2015年にグローバル連帯税フォーラムに改称）といった、連携するNGOによってバックアップされていました。

　話が前後しましたが、2006年、フランスをはじめとする14カ国が、国際連帯税の第1弾となった航空券連帯税を導入し、税収を管理・運用する

国際機関としてユニットエイド（78・90ページ参照）を設立しました。航空券連帯税は、国際便を利用する乗客に、ごくわずかの税金（500円程度）をかけ、その税収を貧困国の保健・医療分野の対策費に充てています。

## ■リーディング・グループの目指すもの

　リーディング・グループは、年に1、2回開かれる総会の場で情報交換、討論をおこない、さまざまな実行可能な資金調達の方式を提案、推進してきました。ホームページから、そのさまざまな手法を見ることができますが、一定の実績をあげているのは、航空券連帯税、IFFIm、AMCとされています。

　**IFFIm（予防接種のための国際金融ファシリティ）**：イギリスが提唱した資金調達方法で、国際金融市場でワクチン購入を目的とした債券（ワクチン債）を発行し、その償還資金は先進国政府が将来の拠出約束という形で保証するしくみ。

　**AMC**：イタリアが提唱した医薬品開発を推進するしくみで、先進国政府が、将来の途上国での大量使用を前提に一定価格での購入を保証して、製薬会社に研究開発と製造を促すメカニズム。

　これらの航空券連帯税、IFFIm、AMCはいずれも保健衛生分野にターゲットを絞り、一定の成果を上げてきましたが、資金規模が小さく、国際社会が必要とする資金を調達することができません。

　リーディング・グループは、国際金融取引に関連する革新的資金についての専門家委員会を設置し、2010年に報告書を公表しています。そのなかで、世界の主要な通貨の取引に課税するグローバル通貨取引税がグローバル・タックスのなかでも最適な資金調達法であると結論づけています。しかし、グローバル通貨取引税の実現には各国の調整に時間を要すると予想され、課税以外の方法の検討も続けられています。　　　　　　　　　（金子文夫）

# 25

# 集めた税金を活用する
# 最適な機関をつくる

## ■ 民主的な新しい国際機関を

通貨取引税を最初に考え出したジェームズ・トービン教授は、国際通貨基金（IMF）や世界銀行といった現存の国際機関が、集めたお金を管理することを考えました。IMF は通貨に関する国際協力を通じて国際的な発展を目指す機関、世界銀行は発展途上国などに融資をおこなう国際金融機関で、この2つの機関には 180 以上の国ぐにが加盟しているため、世界中で通貨取引税を実現するためには最適な国際機関だと考えられたのです。

しかし、その構想にはさまざまな批判がありました。国際通貨基金や世界銀行は金融を専門にした国際機関ではありますが、税制を専門にはしていません。また、1 国 1 票制度をとる国連総会などの国際機関とは異なり、加盟国が出すお金（「拠出金」）の多さに応じた「加重投票制度」を採用しています。これでは、拠出金が少ない貧しい国の声が反映されず、良好なお金の再分配が実施できない可能性があります。そのため、すでにある国際機関ではなく、新しい機関をつくることで、集めたお金をより民主的に活用しようというアイデアが考えられてきました。

## ■ 富の再分配を通じて国同士の「連帯」を実現する

2001 年、フィンランドのヘルシンキ大学のヘイッキ・パトマキ教授は、「通貨取引税機構」を提案しました。パトマキ教授は、グローバルな金融市場の危険性や、世界の貧しい国ぐにが金融危機に巻き込まれる不条理を問題視しています。そこで、いくつかの国家間で条約を結び、通貨取引税を実施する枠組みをつくることで、金融市場をコントロールする一方、貧しい国ぐにが自立できるよう集めたお金を再分配する新しい機構をつくることを提唱したのです。

　通貨取引税機構のアイデアは、集めたお金をより民主的に再分配する新しい機関として、工夫が凝らされています。たとえば、各国の政府代表が参加する理事会に加え、各国の議員や市民社会の代表が参加する「民主議会」をつくること。さらに、理事会や民主議会のもとで運営する「グローバル基金」の設立が提案されました。2002年には、この通貨取引税機構を創設する国際条約案「グローバル通貨取引税条約草案」も発表され、具体的な機関の枠組みが提案されました。

　また、フランスの経済学者ブリュノ・ジュタン氏は、各国の通貨取引税から集めたお金を活用する「持続可能な開発のための連帯基金」という新しい機関の設立を提案しています。このアイデアも、市民社会からの参加を含むなど、より民主的な機関として考えられています。この基金に集められたお金は、保健や環境問題などのグローバル・イシューの対策費として使うこと、貧しい国ぐにの開発プログラムのために充てることが提唱されています。通貨取引税の新たな機関をつくって、富の再分配を通じた国同士の「連帯」（お互いの結びつき、共同の責任）を実現しようという構想がその基礎にあります。

## ■ 富の再分配のしくみを生み出す

　今日、お金の再分配に関するアイデアをもっとも積極的に出しているのは、2006年のパリ国際開発会議で発足され、フランスの外務省に事務局が設置されている「革新的開発資金に関するリーディング・グループ」です。開発や環境問題の解決に必要なお金をどう集めるか検討するためのグループで、現在日本を含む66カ国の政府や国際機関、NGOが参加しています（110ページ参照）。

　革新的開発資金に関するリーディング・グループでは、2009年、国際金

◆税のしくみ

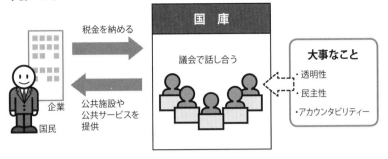

融取引について検討する専門家委員会が発足し、2010年に報告書を公表しています。この報告書では、開発や環境のために使うお金を集める方法としては、グローバルな規模で通貨取引税を実施することがもっともよい方法だという結論を出しています。そして、集めたお金を管理するための新しい機関として、専門家委員会は「グローバル連帯基金」の設立を提案しています。

　専門家委員会の報告書は、グローバルな通貨取引税やグローバルな連帯が必要な理由をつぎのように説明します。

　「世界経済はこれまで大きく成長してきたが、その成長に伴う問題、たとえば金融危機や環境問題をも同時に引き起こしてきた。国際社会は、グローバル経済の成長の陰に見過ごされてきた負の側面に、いまこそ対処すべきなのだ」と主張し、「とくに金融部門が貢献すべきだ」と強調しています。

　金融部門はグローバリゼーションの中心部で栄え、経済成長の大きな恩恵を受けてきたため、グローバルな連帯のしくみのために貢献できる十分な資金源を蓄えています。それを根拠に専門家委員会は、2011年に「多国間金融取引税条約草案」を発表しました。

　この「多国間金融取引税条約草案」は、かつて提案された「グローバル通貨取引税条約草案」に着想を得て作成され、税のしくみや機構のあり方が引き継がれています。直前にEU金融取引税の指令案が発表されたため、この条約草案は実際のEUの法律に反映されなかったのですが、EUはまだ具体的なしくみの議論の最中ですので、この内容を活かすことは可能でしょう。

　さて、集めたお金を再分配するとき、なぜ新しい機関が必要なのでしょうか。その理由は、普段の税金について考えれば、おのずとヒントが見えてきます。

　私たちが納める税金（国税）は、国庫に入ります。そして国は、税金を含

◆専門家委員会の会合風景

革新的開発資金に関するリーディング・グループにて発足した国際金融取引への課税と開発に関する専門委員会

出典：Leading Group, Globalizing Solidarity: The Case for Financial Levies, Report of the Committee of Experts to the Taskforce on International Financial Transactinos and Development, 2012.

めたお金の使い方を、議会で審議して、可決します。なぜ国の予算が議会で審議されるかといえば、まず、その決定方法がはっきり明らかにされること（「透明性」）が重要だからです。また、国民が納めた大切なお金の使い方は、国民から選ばれた議員たちがきちんと民主的に話し合ってこそ承認されるべきだからです（「民主性」）。そして、お金の使い道は、基本的には公開され、政府や役所がその説明責任を負います（「アカウンタビリティー」）。これらは、国民からお金を集める税制に不可欠な要素です。

　これらの要素は、グローバルにお金を集め再分配しようとするとき、なおいっそう重要になります。国際社会には世界政府は存在しません。そこで基本的には、通貨取引税や金融取引税は、各国で条約を結び、それぞれの国で集めることで実施されます。その際、先進国にせよ発展途上国にせよ、集めたお金を自国の格差・貧困問題に使うことも有用でしょう。

　しかし、国際社会にはグローバル・レベルでとりくむべき地球規模課題が存在し、その解決のための必要な資金が不足していることも、また事実です。開発や気候変動のプログラムに集めたお金を使おうとするのであれば、その決定過程や決定内容に対し、国際社会がどのように「透明性」や「民主性」、「説明責任」を担えるのかが問題になります。だからこそ、より民主的な新しい国際機関をつくるアイデアが考案されてきたのです。

　よりよいお金の使い方を実現するための方法や機関を考えることは、お金を集める税の制度には不可欠な要素です。いま進んでいるヨーロッパの金融取引税についても、これから新しく出てくるかもしれないグローバル・タックスについても、新しい機関のアイデアのなかに存在する重要なポイントを踏まえて、その制度や構想を発展させていくことが必要です。（津田久美子）

# 26

# 99%のための
# グローバル連帯税キャンペーン

## ■ 強欲なマネーゲームに対する怒りのキャンペーン

　2008年9月のリーマン・ショックに端を発した世界的な金融危機は、大量の失業者、企業倒産、財政危機、公共サービスの削減など人びとに多大な影響を与えました。また、一般庶民には緊縮政策による負担を押しつける一方で、問題を引き起こした金融機関には、政府から膨大な救済資金が支払われるという不公平極まりないものでした。

　そのようななか、2010年2月にイギリスで金融取引税の実施を求める「ロビン・フッド・タックス・キャンペーン」という一大キャンペーンが立ち上がります。ロビン・フッド（Robin Hood）とは、中世イングランドのシャーウッドの森に住み、得意の弓を用いて、仲間とともに悪代官をこらしめ、貧民を救ったとされる伝説上の人物です。日本でいう石川五右衛門のような義賊で、巨万の富を得ている人たちから富を奪い、それを貧民に分け与えることが、キャンペーンの名前の由来となっています。

## ■ キャンペーンの拡がり

　このキャンペーンには、開発NGO、環境活動家、反貧困団体、労働組合、宗教団体、女性団体など200団体以上が参加しています。キャンペーンの基本アイデアは映画プロデューサーのリチャード・カーチスが出していますが、彼は2005年の "Make Poverty History"（貧困を過去のものに）のスローガンや「ホワイトバンド」のアイデアを出した人です（「グローバル・タックス研究会」ホームページ参照）。

　このキャンペーンはつぎの3つの提案を掲げ、国会議員やメディアへの働きかけなどの活動をおこなっています。

①外国為替、株式、デリバティブなど主要な金融取引すべてに課税すること。

②その税収は国内向けと世界的な公共財向けに半々に振り分けること。

③さらにその世界的な公共財は開発向けと気候変動向けに半々に振り分けること。

## ■ 金融取引税に対するキャンペーン活動と各国の対応

キャンペーンのウェブサイトによるとEU金融取引税に対する各国の対応はつぎのようになっています（2014年8月現在）。

### ◆ヨーロッパ

**アイルランド**：キャンペーンはようやくスタートしたばかりだが、多数の組織の参加が見込まれている。政治家に対するロビーイングを展開しており、いくつかの政党からの協力を得ている。

**イギリス**：2010年2月にキャンペーンを立ち上げ、約25万人の支援者と慈善団体、環境グループ、労働組合、国際開発に関わる団体など117団体が参加している。ただし、政府は金融取引税に否定的である。

**イタリア**：ZeroZeroCinque（イタリア語で「005」のこと。金融取引に「0.05%」の課税を求めるキャンペーン）は、国際開発、環境、宗教、労働組合、メディアなど諸団体からの支持を拡大しつつある。キャンペーンは、国内外の最貧困層支援と気候変動対策のためにグローバル金融取引税の導入をめざし、欧州レベルでの導入も要求している。

**オーストリア**：政府は2006年頃から金融取引税の導入を支持しており、欧州諸国が金融取引税を導入するよう提言している。キャンペーンには、労働組合、環境団体、宗教グループなどが参加している。

**オランダ**：政府は現在、EUの数カ国ではなく全体で実施するということを強調したうえで、金融取引税の支持を示している。キャンペーンは2011

◆ロビン・フッド・タックス・キャンペーンに参加する人びと

年9月にスタート。税収は、国の内外の貧しい人たちを助けるために使うべきと提唱している。

　**スペイン**：キャンペーンは、スペインが国際的な援助の約束を守るために、金融取引税で集めた資金を使うことを求めている。

　**ドイツ**：キャンペーンは、国内外の最貧困層支援と気候変動対策のために金融取引税をアピール。労働組合、教会、ATTAC ドイツ、環境団体、国際開発に関わる団体などの広範なグループ、政党では社会民主党、左翼党、緑の党などが、グローバル金融取引税を強く要求し、欧州レベルでの導入についても支持している。

　**デンマーク**：2011 年 3 月に国内外の最貧困層支援と気候変動対策のために金融取引税の導入を求めるキャンペーンを開始。国際開発に関わる団体、慈善団体、環境グループ、宗教グループなど多くの組織が参加している。ただし、政府は金融取引税を支持していない。

　**ノルウェー**：キャンペーンは 2010 年 11 月にスタートし、国際開発に関わる団体、若者の組織、労働組合、環境グループなどによって構成され、一般市民やメディアからの広範な支持を獲得している。

　**フィンランド**：キャンペーンは、2011 年 12 月、ATTAC フィンランド、Globbarit キャンペーン・ネットワークによって正式に開始された。

　**フランス**：労働組合や国際開発に関わる団体、環境団体などによって 2011 年 2 月にキャンペーンがスタート。シラク氏、サルコジ氏そしてオランド氏という歴代の大統領が金融取引税支持を表明してきており、ロビン・フッドの精神が社会に息づいている。

　**ベルギー**：「大きな宝を逃がすな」というのが、2 つのキャンペーン連合体の共通スローガンで、国内および国際の税制改革を求め、公正な金融セクターを実現するために広範な全国的運動が展開されている。政府は、ユーロ圏で

◆ロビン・フッド・タックス・キャンペーン（アメリカ）のロゴ

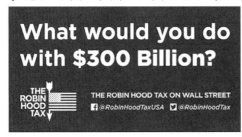

「あなたは（金融取引税で生じる）3000億ドルで何をしたい？」

の合意ができたらすぐに金融取引税を導入すると約束している。

◆北米

**アメリカ**：キャンペーンは 2012 年 6 月、正式に立ち上がり、労働組合、シンクタンクおよび環境、国際医療、消費者保護、金融改革などにとりくむさまざまなグループで構成されている。

**カナダ**：キャンペーンは、国際開発に関わる組織、環境団体、労働組合が中心に活動しており、政府に対して金融取引税を導入しその税収を貧困と気候変動対策に充てることを求めている。政府は銀行への課税に強く反対している。野党の新民主党は金融取引税について公式に支持を表明しており、ケベック連合も協力的である。

◆その他

**オーストラリア**：2010 年 3 月にキャンペーンを開始し、国際開発に関わる団体、労働組合、環境グループ、公共政策シンクタンクなどが連携してとりくんでいる。政府は金融取引税を支持していない。

**南アフリカ**：キャンペーンは 2011 年に開始され、国際開発に関わる団体、医療グループ、環境団体、公共政策シンクタンクなどを含む、19 組織からなるネットワークが運営している。2011 年 G20 カンヌ・サミットで、政府は金融取引税の支持を表明した。

**ブラジル**：キャンペーンは南米で最初におこなわれ、2011 年 11 月以来、社会正義のための金融取引税を訴えている。12 年の「金融取引税グローバル行動週間」で運動は大きく飛躍した。2011 年、通貨デリバティブへの課税によって重要な一歩を踏み出したが、ルセフ政府はグローバルレベルの動きには支持を表明していない。

＊他の賛同国：エストニア、ギリシャ、ポルトガル、スロバキア

（佐藤克彦）

# 27

# なぜ、世界の労働組合は
# 国際連帯税を求めるのか

## ■ グローバル・ユニオンと国際連帯税

　国際連帯税の創設を求める議論や運動は、欧米諸国やアフリカ、アジアや
オセアニア諸国でも、さまざまな形で展開されています。各国で市民団体が
中心となっていることが多いのですが、労働組合も重要な役割を果たしてい
ます。国際的な問題ですので、グローバル（世界規模）に連帯するユニオン
（組合）の存在が重要になってきます。

　グローバル・ユニオンといっても一般にはなじみがありませんが、各国に
は、製造業、流通業、交通・運輸業、金融・保険業、公共サービスなど、各
分野の労働者が加盟する労働組合があります。その上部にはそれらの労働
組合が加盟している全国レベルのナショナルセンターがあります。国際組
織として、各国のナショナルセンターが加盟している国際労働組合総連合
（ITUC）、各産業別の労働組合が加盟している国際産業別労働組合（GUF）
という組織があります。この国際労働組合総連合や国際産業別労働組合は、
労働組合のプロジェクト活動に資金を提供しているドナー組織である経済
協力開発機構労働組合諮問委員会（OECD-TUAC）や労働組合連帯支援組織
（TUSSO）などとも連携して活動しています。日本の労働組合連帯支援組織
は、国際労働財団（JILAF）です。全体を総称してグローバル・ユニオンと
いっています（122 ページ図参照）。

　グローバル・ユニオンは 1980 年代から投機を抑制するために通貨取引税
を導入し、その税収を開発目標に充てるよう各国政府に要請してきました。
1995 年、カナダのハリファックスで G7 サミットが開催された際、G7 諸国
の労働組合のリーダーがジェームズ・トービン教授と会合をもっています。
G7 サミットの主催国だったカナダの首相は、G7 サミットの議題に通貨取
引税を含めることを検討することをはじめて受諾しています。

　一方、日本の労働組合では、自治労、国公連合、全水道、ヘルスケア労協、全国消防職員協議会という5つの公共部門の労働組合が、国際産業別労働組合の1つである国際公務労連（PSI）に加盟しており、PSI加盟組合日本協議会（PSI-JC）として、国際連帯税フォーラムというNGOに加盟し、他の市民グループと一緒に運動を進めています（2015年まで）。また、日本のナショナルセンターの1つである「連合」は国際労働組合総連合（ITUC）に加盟して、国際的な活動をしています。

## ■ 国際的な労働組合がキャンペーンに参加する

　国際公務労連の場合、公務員をはじめとする公共部門の労働者の組合であることから、税の問題にはとくに強い関心をもっており、各国の加盟組合は、それぞれの国でNGOやナショナルセンターと協力しながら運動を進めています。多くは、金融取引税の導入をめざすロビン・フッド・タックス・キャンペーンに参加するという形で、国際連帯税のキャンペーンに大きな力を注いでいます。また、タックス・ヘイブンなどを利用した租税回避の問題や、脱税・汚職の問題に焦点をあてた、タックス・ジャスティス・キャンペーンと結びつけて運動を展開しているケースも見られます。

　欧州のほとんどの公務労連は欧州公務労連（EPSU）に加盟しており、前述の2つのキャンペーンで重要な役割を果たしています。アジア太平洋地域の公務労連に加盟する組合は、リーマン・ショックの翌年（2009年）8月にジャカルタで、「PSIアジア太平洋地域国際連帯税ネットワーク」創設集会を開催し、ニュースを発行しながらEメールベースの情報交換を進め、各種会合で国際連帯税の導入を訴えています。12年11月に南アフリカのダーバンで開催された「PSI世界大会」でも、ロビン・フッド・タックス・キャンペーンが展開されました。

◆国際労働運動関連組織図

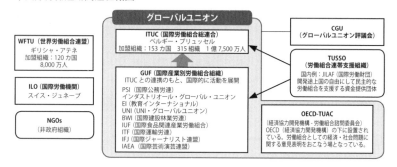

ユニークな運動の例としては、アメリカの全国看護師組合（NNU）が2011年6月に金融取引税を求めるキャンペーンとして、ウォール・ストリートで1000人の看護師のデモを展開しました。同年9月からはじまった「ウォール・ストリートを占拠せよ！ 我々は99％だ！」という運動（＊1）の先駆けにあたります。また、11月に開催されたG20カンヌ・サミットでは、いくつかの国の医療関係の国際公務労連の加盟組合も参加し、「病気の世界経済に注射を！」というアクションを実施しています。

イギリスは、キャメロン首相が金融取引税に強く反対していますが、61の地方自治体で金融取引税の導入を求める決議が採択されており、今後増える可能性があります。イギリスの国際公務労連の加盟組合も積極的な役割を果たしています。また、ナショナルセンターのイギリス労働組合会議（TUC）では、「金融取引税は金融機関の超過収益を吸収することで再分配効果をもち、むしろ国民経済に好影響をもたらす」と主張しています。

サービス産業労働者で構成されるユニオン・ネットワーク・インターナショナル（UNI）は、金融・保険関係の労働組合が加盟している国際産業別労働組合ですが、貪欲なマネーゲームがもたらす金融資本主義の弊害を厳しく批判しており、社会的正義と倫理にかなった金融サービスの確立と金融取引税の導入を訴えています。また、建設・森林関係の労働組合が加盟しているBWIという国際産業別労働組合も、国際公務労連やUNIと協力しながら金融取引税の問題にとりくんでいます。

国際労働組合総連合は、労働組合諮問委員会（TUAC）と協力しながら、国際通貨基金（IMF）、世界銀行、地域開発銀行など、各国の労働組合、市民団体などではとりくみが困難な国際機関への働きかけをおこなっています。2010年2月、国際労働組合総連合と労働組合諮問委員会がおこなった国際通貨基金との協議の場では、労働組合諮問委員会の調査（＊2）に基づい

◆国際公務労連

＊1 オキュパイ・ウォール・ストリート：
2011年9月、ニューヨーク・ウォール
街において発生した、経済格差の解消・
富裕層への課税強化などを訴えた一連
の抗議運動。
＊2 *"The Parameters of a Financial Transac-
tion Tax and the OECD Global Public
Good Resource Gap, 2010-2020 "
,TUAC, 2010*

て、グローバル公共財のための財源を賄うには1000億ドルを超える税収が必要だとして、金融取引税の導入の緊急性を訴えています。

　日本の連合はとりくみ内容の具体的検討を開始した段階ですが、国際労働組合総連合やヨーロッパ諸国の組合からは大きな役割が期待されています。投機的な資本移動を抑制するために金融取引税を導入し、その税収を貧困撲滅や気候変動対策の財源として活用するという考え方は、国際労働組合総連合と共通の立場にあり、租税回避問題でもタックス・ジャスティス・ネットワークなどと協力しながら運動を進めています。

## ■ 国際労働運動の今後の課題

　国際労働組合運動やNGOのグローバル連帯税に関するとりくみは、通貨取引税や金融取引税の問題が中心となっています。航空券連帯税や炭素税など非金融関係のグローバル連帯税に関する議論は、それほど活発におこなわれているわけではありません。実体経済をはるかに超越する金融取引がおこなわれている現在の状況、その影響を考えれば当然なのですが、今後は非金融関係の国際連帯税に関しても掘り下げた議論と実施に向けたとりくみが求められます。

　グローバル化の進展は、一国内だけでは対応できないさまざまな課題を労働者、国際労働組合に突きつけています。企業の海外移転、多国籍企業と国際的なサプライチェーンの拡がり、公共サービスの民営化、移民労働者の増大、金融資本主義、自由貿易などが急速に進展しているなかで、労働組合は世界的な格差や貧困の拡大と失業の増大に立ち向かっていかなければ、組合員の生活を守ることができなくなっています。そこで、国際的な再分配システムの構築が不可欠になってくるわけですが、そのための資金的基盤の1つとなるのがグローバル連帯税なのです。　　　　　　　　　（佐藤克彦）

# 28

# グローバル連帯税を
# 導入するためのルールづくり

## ■ 国家主権と課税管轄権

　国家には、その活動に必要な資金を国民から徴収する課税権があります。これは国家主権の1つで、課税管轄権とも呼ばれています。グローバル連帯税のような国家を超えた税のしくみを導入する場合、課税管轄権が国家の領域を越えてどこまで及ぶかが問題となります。国際法は、国外における公権力の行使を原則禁止していますが、国内法の効果を国外の事柄に結びつけることまでを禁止しているわけではありません。

　課税管轄権は、一般的には立法管轄権と執行管轄権、裁判管轄権の3つに分類されます。これは国家における立法・行政（執行）・司法の三権それぞれの及ぶ範囲を意味しています。

　1つ目の立法管轄権は、国家が立法により課税権を行使できる範囲を意味します。原則的に、居住地と取引行為や資産の保有などとの結びつきがあれば、国家の領域を越えて課税をおこなう法律を定めることができます。2つ目の執行管轄権は、課税権について公権力の行使可能な範囲のことです。これについては権力による強制を伴うため、条約上の取り決めや国家間の特別な許可がないかぎり、他国内での税務調査や強制徴収をおこなうことはできません。3つ目の裁判管轄権は、国際課税をめぐる法的紛争について、どこの国の裁判所において裁判をおこなうことができるかを意味します。

　グローバル連帯税の導入に当たっては、立法管轄権に基づいて、一定の結びつきを根拠に国家を超えた課税のルールを定めることはできますが、それを実際に執行する権限には限界があるという点を理解しておくべきです。

## ■ 条約による国際的合意の形成

　グローバル連帯税導入のルールづくりを進める際、もっとも重要なのが

ルールについての国際的な合意をどのように形成していくかです。その1つのアイデアとして、国際的なルールを条約という形で定め、それに賛成する各国が条約を批准承認する形で合意を広げていくという方法が考えられます。

　たとえばヘルシンキ大学のヘイッキ・パトマキ[*1]教授とブリュッセル自由大学教授で、裁判官でもあるリーベン・デニス[*2]は、2002年1月の世界社会フォーラムで「グローバル通貨取引税条約草案」（Draft Treaty on Global Currency Transaction Tax）を公表しました。この条約草案では、通貨取引に対する税率を、通常の取引では0.025％（ないし0.1％）、変動幅を超えた投機的取引には80％としています。徴収は、各国の徴収機関が中央銀行と協力しながらおこない、国連のような理事会と事務局、総会から成る「通貨取引税機関（CTO）」を創設して税収の管理をおこなうことを提言しました。また、条約草案を30カ国が批准し、かつ条約批准国が世界通貨市場の20％以上を占めることが確認された時点で発効するという条項を規定しています。この条約草案は、通貨取引税導入の国際的な共通ルールを定め、条約の批准承認という形式で合意形成を図り、さらにそれを条約発効の要件としている点でグローバル連帯税のルールづくりの先駆的な構想といえるでしょう。

　2011年にも、デニスは、ブリュノ・ジュタン（前出）やロドニー・シュミット[*3]らと「多国間金融取引税条約草案」（M-FTT "How can we implement today a Multilateral and Multi-jurisdictional Tax on Financial Transactions? ", *International Expert Report*, October 2011）を公表しました。この条約草案も、金融取引税において、条約による国際的なルールの合意形成とその導入に向けた枠組みを提案し、EUの指令案による金融取引税の導入の動きにも影響を与えています（102ページ参照）。

◆欧州議会本会議場（ブリュッセル）

## ■ 国内立法による導入

　グローバル連帯税の導入に向けて、条約による国際的な合意形成は大変重要ですが、条約はあくまで国際的なルールに過ぎません。租税法律主義の原則により、国家が新たな税金を課したり、従来からの税負担を変更したりする場合、必ず法律に基づかなければなりません。そのため、各国が実際に課税を実施するには、国内において具体的な立法をおこなう必要があるのです。したがって、条約に批准した国ぐににおいても、最終的にはそれぞれの国の議会において、条約の内容を実現する法律が成立しなければなりません。

　各国議会の立法に関する動向の例として、たとえば、2001年12月にフランスでは、一般租税法典を修正して、通貨取引税を導入する2002年予算法が成立しました。この法律には、通貨取引税として外国為替取引に対して0.1％（上限）の税率により課税をおこなうことが定められていました。しかし、EU全加盟国の通貨取引税に関する国内法の整備が条件となっていたため、結局実際の導入には至りませんでした。

　2004年11月、ベルギーでは、「トービン・シュパーン法」が制定されました。この法律は、外国為替取引に対し通常の取引には0.02％、定められた変動幅を超える取引には最大80％の税率で課税し、税収の一部はEUが管理する基金に払い込まれ、開発協力などに活用するとされていました。その意味では、グローバル連帯税の起源ともいえるものでしたが、EU通貨同盟のすべての加盟国が同様の法律を整備するまで発効しないとされていたため、発効しませんでした。

　最近の動きとして、フランスでは、今回のEUにおける金融取引税の導入に先駆けて2012年第1次補正予算法によって、金融取引税を規定する一般租税法典が改定されて、2012年8月から上場株式等などを課税対象とする

＊1　ヘイッキ・パトマキ：Heikki Patomäki　1963-
＊2　リーベン・デニス：Lieven Denys
＊3　ロドニー・シュミット：Rodney Schmidt
＊4　EU加盟国のうち3分の1以上の同意を要件に、同意承認した国ぐにのみEUの枠組みにおける統合や協力が適用される。

金融取引税が導入されています。

## ■ モデル条約・法律案による導入の実現

　実際に、グローバル連帯税導入のためのルールづくりのプロセスを考えてみましょう。まず条約や法律のモデルを作成し、それにより国際的な合意を形成し、導入参加国が条約を批准承認して、それに基づいて各国の議会によって立法化するという流れになります。現在導入が検討されているEUの金融取引税も、欧州委員会によって、モデルとして指令案が示され、「強化された協力」[＊4]により10カ国が導入予定です。これも、モデル条約・法律案によるグローバル連帯税導入の1つの事例といえます。

　グローバル連帯税導入のためのモデル条約・法律案にどのような規定を盛り込むべきか、「グローバル通貨取引税条約草案」やEUの金融取引税指令案などを参考に考えてみると、以下のようになります。

　①グローバル連帯税の趣旨・目的、②条約や法律上の用語の定義規定、③適用範囲（国・地域）、④納税義務者、⑤課税対象取引、⑥課税場所（納税地）、⑦課税標準（課税ベース）、⑧適用税率、⑨非課税・免除、⑩徴収方法・手続、⑪脱税や租税回避の防止、⑫税収の管理方法及び使途、⑬発効要件や施行日などを具体的に定める必要があります。

　ただし、③、④、⑤、⑧、⑩、⑫については、条項として具体化するには相当な困難を伴うことが予想されます。

　今後は立法化に向け、革新的開発資金に関するリーディング・グループを中心に、各国の税務当局や立法の専門家も加わったワーキング・グループを組織し、具体的な作業を進めていく必要があります。それには、税法や国際法の研究者やそのグループ、弁護士や会計士、税理士などの専門家やNGOなども加わって、国際的な英知を結集しなければなりません。　（望月　爾）

# 29

# 日本で
# グローバル・タックスが
# 実現・導入される道筋

## ■ 日本では誰が政策を決めているのか？

　グローバル・タックスを実現させるためには、日本の政策として策定され、実施されなければなりません。では、政策は、いったい誰がどのようにつくり、決定しているのでしょうか？

　日本は議院内閣制ですから、選挙で多数を取った政党が内閣をつくり、選挙で公約に掲げたことを実施するために、内閣は与党の政策調査会と関係省庁に法案作成を指示します。上がってきた法案を与党内で検討した後に、政府案がまとめられ、衆議院と参議院で審議されます。そして、法案が両院で可決されれば法律になり、施行されます。

　これが政策がつくられ、実施されるまでの大まかな流れですが、法案作成の主な関係者は、政権与党の政治家と官僚であることがわかります。同時に法案作成の過程で、さまざまなアクターたちが関与してきます。たとえば、農林族、厚生族などといわれる族議員、関連する業界団体、NGOや専門家グループなどです。なかでも一番パワフルなアクターは業界団体で、金融関係であれば金融業界、電力関係であれば電力業界などが、業界全体の利害や個々の企業の利害のために法案について修正を求めたり、法案成立のためにさまざまな活動をくり広げます。

　ちなみにアメリカでは多くの議員たちにとって最大のスポンサーとなっている「全米ライフル協会」の影響力は、学校で何回も銃の乱射事件が起こっても、銃の規制法が議会で採決されないほど強烈なものです。豊富な資金力をもつこの協会から政治資金をもらっている議員たちは、協会の意思に反する行動を取りづらいのです。

　業界団体は、自分たちの利害に関わることについて、与野党の族議員、担当する官僚を情報の提供や交換などあらゆる「接触」の機会にしっかり取り

込み、業界の意向に沿う行動をとるように仕向けていきます。このような活動は、昔から会議の間ロビーで待機し、関係する政治家や官僚が会場から出てきたところで接触することから「ロビー活動」とも呼ばれています。

## ■「鉄の三角形」

政治家・官僚・業界の三者の間では、情報の交換のみならず、カネや処遇など、さまざまな「もちつもたれつの関係」、あるいは「癒着」が見られます。たとえば、政治家は、業界から政治献金と選挙の票をもらい、その見返りに業界にとって利益になるような政策を実現させます。官僚は、定年後も高給で働き続けることができるよう、業界から幹部の「天下り用ポスト」を用意してもらい、代わりにその業界に対する審査や指導を甘くします。すべての関係者がこのような行為をしているわけではありませんが、この状況は、「政官業」、あるいは財界の「財」をとって、「政官財」の癒着や、「鉄の三角形」と呼ばれています。

たとえば、原発の「鉄の三角形」といえば、業界に支援されている政治家（主として自民党）、官僚は経済産業省、業界は電力業界、原発メーカーとなります。なぜ福島であれだけ悲惨な事故があったにも関わらず、原発を再稼働させたのか、さらに原発を輸出しようとまでしているのか。その理由は、原発によって得られる巨額の利益を「鉄の三角形」が必死で守ろうとしているからです。

## ■ グローバル・タックスが政策課題になるまで

では、グローバル・タックスを実現させるという観点から、もう少し詳しく政策がつくられ、決定される過程を見ていきましょう。

自民党が主導する政権において、政策形成過程の観点からもっとも重要な

◆鉄の三角形

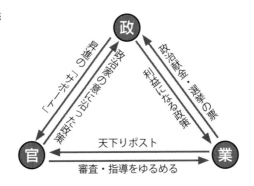

のは、自民党の各部会と税制調査会です。グローバル・タックスを実現させるためには、そのための法案がつくられなければならないのですが、そのもととなるのは政府税制改正大綱です。そして、政府税制改正大綱は、自民党税制改正大綱をベースにつくられます。つまり、自民党税制改正大綱にグローバル・タックスの導入が載らないと、政策になることはないのです。

そのためには、大綱をつくり、決定する自民党税制調査会でグローバル・タックスが議論され、承認される必要があります。しかし、税制調査会の議題に上がるまでには、自民党の関連部会でグローバル・タックスが議論され、承認されなければなりません。グローバル・タックスの場合、税収を地球規模課題や途上国の支援に充てることから、関連する部会は外交部会ということになります。

では、どうすれば自民党の外交部会で議論、承認されるのでしょうか。グローバル・タックスの担当省庁、この場合は外務省が外交部会の国会議員に働きかけることを通じてはじめて可能になります。同時に、外務省はグローバル・タックスの導入を含めた概算要求を財務省に出さないといけません。概算要求とは、国の予算の編成に先立ち、政府各省庁が毎年財務省に提出する次年度の予算要求のことをいいます。外務省が本気になるためには、市民社会やNGOなどがどれだけ外務省や関連する国会議員にその必要性を説き、粘り強く交渉できるかがカギになります。

現状の活動状況に即して説明しましょう。

グローバル・タックスの実現をめざすNGOの連合体として、たとえば「グローバル連帯税フォーラム」というNGOがあります。そして、同じ目的を掲げる国会議員のグループとして「国際連帯税創設を求める議員連盟」があります。両者は連携して、グローバル・タックスの導入を外務省に働きかけています。これを受けて、外務省が財務省に概算要求を出すと同時に、

自民党の外交部会に働きかけ、外交部会でグローバル・タックスが承認されれば、自民党税制調査会で検討されることになります。

　実は自民党税制調査会が一番の難関なのです。さまざまな団体が、自らの利益のために税制調査会の議員に働きかけをおこなっています。業界は税金をかけられることを嫌いますから、航空業界は航空券連帯税の導入阻止を、金融業界は金融取引税導入阻止を、エネルギー業界は地球炭素税導入阻止を働きかけます。それでもなお、外務省─国際連帯税創設を求める議員連盟─グローバル連帯税フォーラムの強い連帯と粘り強い活動で業界の分厚い壁を突破できれば、グローバル・タックスが自民党税制改正大綱に記載され、政府税制改正大綱にも記載され、それが法案になり、衆議院・参議院で可決されれば、法律となります。

## ■私たちが主役

　これらからわかることは、私たち市民が主役ということです。たしかに政策をつくり、決定するのは国会議員や官僚かもしれません。あるいは、両者に大きな影響力を与える業界かもしれません。

　しかし、その国会議員を選ぶのは誰でしょうか？　そして、市民社会やNGO が重要な働きをしているのも見てきました。彼らをサポートできるのは誰でしょうか？　それは市民である私たちです。つまり、私たちが選挙で国会議員を選び、NGO をつくったり、サポートしたりできるのです。

　「鉄の三角形」がガッチリ存在し、「業界」の利益が幅を利かせていることはたしかですが、だからこそ私たち市民がしっかりと勉強し、力をつけ、輪を広げながら、優れた国会議員を選挙で選び、彼らと協力することで、むずかしいと思われているグローバル・タックスの実現は可能となるのです。

（上村雄彦）

# 30

# 世界の問題を
# 私たちの手で解決するために

　地球環境破壊の進行、著しい格差の拡大、途上国のみならず先進国でも進む貧困など、いま、世界は厳しい現実を抱えています。この地球規模の人類の問題に対して、文字通り世界全体がその解決のためにとりくんでいく必要があります。

　その際、「新しい酒は新しい革袋に」「新しい問題には新しい発想による解決策を」編み出すことが不可欠です。ヨーロッパでは、部分的とはいえ、グローバル・タックスが現実化しつつあります。日本でグローバル・タックスの実現に向けて私たちにできることは何か、6つのポイントを考えたいと思います。

　①私たちが主役

　前項で見た通り、国の政策は一見、族議員や官僚、政治資金と票の提供によって政治家のスポンサーになっているかのような業界団体によってつくられているように見えます。しかし、その国会議員を選ぶのも、NGO をつくったり、サポートするのも、望ましくない行動をとる業界や企業を選別して不買運動などをするのも、私たち市民です。つまり、国の政策が実現するかどうかのカギを握っているのは、私たち市民なのです。

　②事実を知ることからはじめる

　とはいえ、私たちが何も要求しなければ、政策に市民の声が反映することはありません。グローバル・タックス導入という課題に限らず、多くの市民の声が集まり、世論を盛り上げたり、国会議員を動かさないかぎり、政策に反映させる力にはなり得ません。

　多くの人びとが、「忙しいから」「関心がないから」「面倒だから」「むずかしいことはわからないから」「何をしたらよいかわからないから」など、いろいろな〝理由〟づけをして、自分の希望を国の政策に反映することからずいぶん距離をおいているように思えます。

　そこで、まずスタートになるのは、「事実を知ること」そして「知らせること」ではないでしょうか。飢餓や貧困で命を落としていく子どもたちの苦しみ、タックス・ヘイブンやギャンブル経済がもたらす弊害、不当な手段でカネ儲けをする富裕層の悪徳さと、真面目に働いても日々の生活で精一杯の多くの人びとの無力感、自殺や犯罪の多発、紛争や戦争などの日常化、人類が全体としてまともに生存できるかどうかわからないこの先の地球環境など、世の中にはあまりにも多くの不正義や深刻な問題が横たわっています。

　他方で、これらの問題を解決するために、世界でさまざまな団体や人びとが努力している現実や、その結果グローバル・タックスなどの解決策が一部で実現しているという現実があります。私たちがどの国会議員を選ぶか、どう NGO のサポートをするか、いかに大きな声を上げるか。このようなことによってグローバル・タックスが実現しうることも事実です。事実を知ることで、「ちょっと関心がもてた」「忙しいけど何かやってみよう」「何をやったらよいか考えてみたい」と思えたら、それがスタートになるのです。

### ③得意なことをやる

　事実を知って、行動に結びつけるとき、いったい何をすればよいのでしょうか？　答えはいろいろありますが、コツは「得意なことをやる」ということです。本を読むのが得意な人は、たくさん本を読んでしっかりと情報を吸収し、何をすればよいかを考えることができます。話すのが得意な人は、グローバル・タックスのことをまわりに話し、どんどん広めることができます。インターネットや SNS が得意な人は、SNS を通じて、さまざまな人びとや団体とつながり、情報を流したり、情報を得たり、各議会でのロビー活動、講演会など具体的な行動を呼びかけることもできます。外国語が得意な人は、外国の本や資料を読み、それを和訳して広めたり、外国の人びとや団体とつながって情報交換をすることができます。自分の得意なことを武器

に、できることを楽しくやる！　これがコツです。

**④動く市民になる**

　一番のポイントは、選挙に行くことです。まず、自分の選挙区にはどんな国会議員がいるか調べてみましょう。そして、グローバル・タックスについて熱心な議員がいれば、つぎの選挙でその議員に一票入れればよいのです。選挙区の議員がグローバル・タックスに賛成しているかどうかは、「国際連帯税創設を求める議員連盟」を調べたり、グローバル連帯税フォーラムに問い合わせればわかります。

　どんな見解をもっている議員かわからないときは──残念ながら、そのようなケースがほとんどですが──、議員事務所に電話して、本人やその秘書に、「グローバル・タックスについてどうお考えですか？」と聞いてください。その際に重要なことは、「あなたの選挙区の有権者です」とはっきり言うこと、つぎに「グローバル・タックスに熱心にとりくんでくれる候補者に一票を入れようと考えています」と伝えることです。

　たくさんの地元の有権者が同じような電話を国会議員にかければ、現職の議員や候補者は真剣に政策的課題として考えざるを得なくなります。このような行動によっても、グローバル・タックスに関心や賛意をもつ候補者や議員が増えていきます。彼らに投票することで政策が現実味を帯びてきます。政治家以上に私たちが、政治的な課題で「動く市民」になることが必要なのです。

**⑤希望を捨てない、あきらめない**

　現在の世界には、奴隷制度もアパルトヘイト（人種隔離政策）もありません。「あんなひどいこと、なくなって当然」と思われるかもしれませんが、奴隷制が盛んだった時代は、奴隷制度がなくなるなど、誰も想像していませんでした。なぜなら、奴隷を保持していたのは金持ちだったり、権力者だったりで、力の強い彼らが奴隷制廃止など認めるはずもなかったからです。そ

して、奴隷制廃止運動などは力や金で抑え込まれていたからです。しかし、奴隷制度はなくなりました。

　南アフリカで長らく続いたアパルトヘイトはどうでしょうか？　アパルトヘイトとは、白人、有色人種、インド系、黒人に人種を分け、法律によって厳しい差別をおこなうもので、それをおこなっていたのは南アフリカを支配している白人でした。彼らはカネも権力も独占して、反対するものは力で押さえ込んでいました。しかし、1994年にアパルトヘイトは撤廃されました。

　なくなるはずがないと思われていた奴隷制度やアパルトヘイトが廃止されたのは、たとえどんなに困難であっても、これらをなくすことに尽力した人びとや団体が、あきらめずに活動を続けたからです。

### ⑥次世代のために生きる

　もちろん、その人たちが生きている間には実現が叶わなかったかもしれません。「時の贈りもの」という言葉があります。たとえ、自分が生きている間に願いは実現はしないかもしれない。しかし、その想いは年月を超えて、世代を超えて受け継がれ、いつかは実現する。まさにこれが「時間がくれた贈りもの」なのです。

　たとえ絶望的に見えても、すぐに実現ができなくても、希望をもってあきらめずにやるべきことを続ける。そうすると、いつか「時の贈りもの」が贈られ、願いが実現する。これまで世界の平和、差別の撤廃、平等などを求めてあきらめずに闘った人びとがいたからこそ、数々の問題は解決されてきたのです。

（上村雄彦）

## 「格差と貧困」は世界のキーワード

　現在の世界では「格差と貧困」がキーワードになっています。2009年、日本では「反貧困ネットワーク」を立ち上げた湯浅誠さんなどによる「年越し派遣村」の活動が、日本の貧困を見えるものにしました。堤未果さんはアメリカの貧困問題をあきらかにして（『ルポ　貧困大国アメリカ』岩波新書、2008年など）、資本主義の最先端の状況を切り取ってみせました。イギリスでもジェレミー・シーブルックが膨大なフィールド調査から世界の貧困を赤裸々に描き、フランスのトマ・ピケティは『21世紀の資本主義』で富裕層への資産課税を訴えて、世界的な注目を集めています。

　時代や国、地域によって貧富の差はありますが、貧困には〈絶対的な貧困〉と〈相対的な貧困〉という本質的に異なる2つの様相があります。飢饉のような災禍、戦争による被害や侵略と植民地化による収奪、世界大恐慌による経済破たんなどによって、ある特定の国や地域の人びとが衣食住など最低限必要なことさえ満たすことのできない〈絶対的な貧困〉に陥るケースもあります。他方、〈相対的な貧困〉はいつの時代、どこにでも見られます。格差と貧困は自然現象でもなければ、人類社会の宿命でもありません。人間自身がつくり出しているもので、人間の意志と英知によって解決可能な問題であるはずです。

　途上国の都市の一画に驚嘆するほどの豪邸が居並び、その数ブロック先では路上生活者や貧困者が明日をも知れぬ姿で物乞いをしている光景に出くわすと、不思議な感覚に襲われます。先進国では何十倍とか何百倍という貧富の格差が問題になっていますが、途上国とくに最貧国における格差はまさに「無限大」とも言えるほどで、測定のしようもありません。

　しかしハッキリしていることは、格差は富の集中によって生み出されるものであり、貧困はその結果であるということです。貧困の削減・解消の処方箋は、富の分散・再分配によってのみ可能だということなのです。市場原理の貫徹やトリクルダウン効果（富裕層が豊かになれば、あふれた富が貧困層にしたたり落ちるという経済理論）を主張する評論家や学者、経済人、政治家は、経済成長が全体の所得を押し上げると強弁しますが、それが正しいなら世界の貧困はとっくの昔になくなっているはずです。すべての人がまったく平等でなければならないと主張するつもりはありません。しかし、少なくとも無限大の格差をなくすこと、100倍を超える格差を10倍以内にすることは、地球市民として共有できるビジョンと言えるのではないでしょうか。　　　　（佐藤克彦）

◆グローバル金融のしくみを批判的に解説した本
- 伊豫谷登士翁『グローバリゼーションとは何か―液状化する世界を読み解く』(平凡社新書、2002)
- 神谷秀樹『強欲資本主義―ウォール街の自爆』(文春新書、2008)
- ジェレミー・シーブルック著　渡辺景子訳『世界の貧困―1日1ドルで暮らす人びと』(青土社、2005)
- ピーター・ストーカー著　北村京子訳『なぜ、1%が金持ちで、99%が貧乏になるのか?《グローバル金融》批判入門』(作品社、2012)
- 本山美彦『金融権力―グローバル経済とリスク・ビジネス』(岩波新書、2008)
- ロナン・パラン　リチャード・マーフィー　クリスチアン・シャヴァニュー共著　青柳伸子訳『タックスヘイブン』(作品社、2013)

◆資本主義の歴史や世界経済、金融システムから金融危機までを概説した本
- 伊藤正直『金融危機は再びやってくる―世界経済のメカニズム』(岩波ブックレット、2012)
- ジョセフ・E. スティグリッツ著　桐谷知未訳『これから始まる「新しい世界経済」の教科書』(徳間書店、2016)
- トマ・ピケティ著　山形浩生　守岡桜　森本正史訳『21世紀の資本』(みすず書房、2014)
- 西川潤『新・世界経済入門』(岩波新書、2014)
- 水野和夫『資本主義の終焉と歴史の危機』(集英社新書、2014)
- 宮崎勇　本庄真『世界経済図説　第四版』(岩波新書、2013)
- 本山美彦　萱野稔人共著『金融危機の資本論』(青土社、2008)
- ロナルド・ドーア『金融が乗っ取る世界経済―21世紀の憂鬱』(中公新書、2011)

◆国際的な税のしくみやその問題点を解説した本
- 志賀櫻『タックス・ヘイブン―逃げていく税金』(岩波新書、2013)
- 志賀櫻『タックス・イーター―消えていく税金』(岩波新書、2014)
- 前田謙二　三木義一『よくわかる国際税務入門(第3版)』(有斐閣、2012)

◆グローバル・タックスを解説した本
- 植田和弘　新岡智編『国際財政論』(有斐閣、2010)
- 上村雄彦『グローバル・タックスの可能性―持続可能な福祉社会のガヴァナンスをめざして』(ミネルヴァ書房、2009)
- 上村雄彦編著『グローバル・タックスの構想と射程』(法律文化社、2015)
- グローバル連帯税推進協議会「持続可能な開発目標の達成に向けた新しい政策科学―グローバル連帯税が切り開く未来」(グローバル連帯税推進協議会最終報告書、2015.12)
- ブリュノ・ジュタン著　和仁道郎訳　金子文夫解説『トービン税入門―新自由主義的グローバリゼーションに対抗するための国際戦略』(社会評論社、2006)
- 諸富徹『私たちはなぜ税金を納めるのか―租税の経済思想史』(新潮選書、2013)

◆お金をうまく活用するためのアイデアを紹介している本
- アマルティア・セン『人間の安全保障』(集英社新書、2006)
- ATTAC編　杉村昌昭訳『反グローバリゼーション民衆運動：アタックの挑戦』(つげ書房新社、2001)
- 財団法人地球環境戦略研究機関(IGES)編『地球温暖化対策と資金調達』(中央法規、2009)
- 「動く→動かす」編『ミレニアム開発目標　世界から貧しさをなくす8つの方法』(合同出版、2012)

◆貧困や格差について解説した本
- アンソニー・B・アトキンソン著　山形浩生　森本正史訳『21世紀の不平等』(東洋経済新報社、2015)
- 伊藤恭彦『貧困の放置は罪なのか―グローバルな正義とコスモポリタニズム』(人文書院、2010)
- ジョセフ・E・スティグリッツ著　楡井浩一　峯村利哉訳『世界の99%を貧困にする経済』(徳間書店、2012)
- 橘木俊詔『格差社会―何が問題なのか』(岩波新書、2006)
- 堤未果『貧困大国アメリカ』(岩波新書、2008)
- 堤未果『貧困大国アメリカⅡ』(岩波新書、2010)
- 堤未果『(株)貧困大国アメリカ』(岩波新書、2013)
- ポール・クルーグマン著　三上義一訳『格差はつくられた』(早川書房、2008)
- 湯浅誠『反貧困―「すべり台社会」からの脱出』(岩波新書、2008)

# あとがきにかえて

『世界の富を再分配する 30 の方法——グローバル・タックスが世界を変える』をお読みになって、いかがだったでしょうか?

　本書では、グローバル・タックスというとても大切だけれども、ちょっとむずかしい話を、中学生 3 年生くらいから理解できることをめざし、執筆陣一同努力して原稿を書きました。しかし、それでもなお「むずかしかった」ということであれば、それは編者の責任です。少しでもわかりやすくなるよう、改善していきたいと思いますので、みなさんの声をいただければ嬉しく思います。

　本書を終えるにあたり、なぜ日本人の私たちがグローバル・タックスのことを知らなければならないのかということについて、一緒に考えたいと思います。実は、グローバル・タックスは、途上国やどこか遠いところの可哀想な人びとを助けてあげるために実現させるものではありません。未来の子どもたちのために考えるものでもありません。それは、私たち自身のために実現させるものなのです。なぜなら、グローバル化した現代社会では、問題はすぐに地球規模に発展し、その悪影響が国境を越えて私たち自身に降りかかってくるからです。

　どこかの国や地域で金融危機が起こればすぐに世界に伝播し、日本経済にも大きなダメージを与えます。エボラ出血熱やジカ熱などの感染症が、世界を飛び回る飛行機などを通じて日本に侵入し、大量の死者を出す可能性は十分にあります。テロも遠い中東だけの問題ではありません。パリでのテロ事件からもわかる通り、たとえば東京などがテロのターゲットになる可能性は排除できません。地球温暖化が世界に壊滅的な打撃を与えても、日本だけは大丈夫ということもありません。このままでは、この先ももっと大きな危機が起こり、その影響は甚大なものになるでしょう。

　そうです。グローバル・タックスは、他の誰かのためではなく、まず

は私たち自身がこれからも生きていけるように、つまり私たちの生存のために、実現させる必要があるのです。そのつぎに、ただ私たちの生存だけでなく、日本人も含めて世界の人びとが安心して生きていくことができるように、さらには、未来にわたって私たちの子孫も、この地球上で安心して生きていけるように実現させるのです。

　各国や国際機関の努力、NGO の取り組み、政府開発援助（ODA）、企業の社会的責任（CSR）といったこれまでのやり方では、地球規模に発展した問題の悪化を止めることができませんでした。だからこそ、これまでのやり方を超える新しい構想や政策がいま求められているのです。本書のメインテーマであるグローバル・タックスは、まさにその１つです。

　金融取引税によって金融市場で儲けている１％の金融機関やお金持ちに税をかけ、税収を貧しい人びとに回し、貧富の格差を縮小することができます。投機的な取引を抑え、金融市場を安定させることができます。航空券連帯税によって感染症対策がしっかりと講じられ、地球炭素税によって温暖化の悪化を防ぎつつ、税収で再生可能エネルギーをどんどん拡大することも可能になります。

　また、グローバル・タックスの税収の一部は税の実施国が使うことができます。たとえば、エボラ出血熱などの感染症が侵入することを水際でくい止めるために、日本政府が航空券連帯税の税収の一部を使って、感染症対応病院を国際空港のすぐそばに建設するなど、さまざまなインフラを整備することができます。金融取引税の税収の一部を国内の貧困対策に使うということもできます。財政状況がとても厳しいなか、グローバル・タックスの税収は、日本政府にとっても大きな魅力のはずです。

　そうであるならば、あとは実現させるだけです。グローバル・タックスの実現のためには、私たちの代表である日本政府が、変わらなければ

なりません。

　日本政府に限らず、これまで世界各国の政府は、「自国民の利益（国益）」と「世界のみんなのためになること（地球益）」は基本的に異なり、ときに対立するものと考えてきました。国益の実現こそ第一であり、それに適う範囲でしか地球益は実現されてきませんでした。しかし、問題が瞬時に地球規模にまで拡大し、一国だけでは対処しきれず、しかも、その解決には一刻の猶予も許されない現実を踏まえれば、これまでの考え方は変えなければなりません。すなわち、「国益の実現のために地球益を実現しなければならない」という発想の転換です。

　いま日本政府にもっとも求められていることは、そのような発想の転換をおこない、地球益のための政策（たとえば、グローバル・タックス）を実現させるためのルールづくりをすすめることです。同じ志をもつ国ぐにや人びととのつながり（連帯）を強め、各国に「地球益こそ国益だ」と考えてもらえるようにする。そして、それを実現するための政策がつぎつぎと世界に広まっていく──。このような流れをいかに早く確実につくっていくことができるかがカギですが、誰がそれを日本政府にさせられるのでしょうか。それは、言うまでもなく、日本国民、つまり私たちなのです。

　もちろん簡単なことではありません。大学在学時代、とても熱意があって成績も優秀だった教え子が「会社に入ったら、忙しくてテレビを見てる暇もない。だから、いま社会で何が起こっているかよくわからないし、関心も薄れている」と言うのを聞いて、愕然としました。しかし、それが日本社会の現実だと思います。

　そのような日本社会だからこそ、本書を読んで何かに気づいたみなさんが、少しでもそのことを家族や友人など、まわりの人びとに伝えていただけたらと思います。いまなら、ソーシャルネットワークを通じてま

わりと簡単につながり、自分の声を直接世界に発信することができます。

　たしかに、それはものすごく小さなことかもしれません。しかし、その小さな波紋が少しずつ広がっていき、やがては日本政府を動かす——。そんな可能性がないと言い切れるでしょうか。すべての出発点は私たち自身にあるのです。

　最後になりましたが、合同出版の編集担当の下門祐子さんにお礼を述べたいと思います。本書の企画を提案してくださらなければ、本書は日の目を見ることはなかったでしょう。また、下門さんには、なかなか進まない原稿を、辛抱強く待っていただきました。ありがとうございました。

　この小さな本が、みなさんらしい波紋をつくるきっかけになることを願いつつ、結びとしたいと思います。

2016 年 3 月　編者　上村雄彦

## ■編者紹介

### 上村雄彦 （うえむら・たけひこ）

1965 年生まれ。横浜市立大学教授。大阪大学大学院、カールトン大学大学院修了。博士（学術）。国連食糧農業機関、奈良大学、千葉大学を経て、現職。専門は、グローバル政治論、グローバル公共政策論。革新的開発資金に関するリーディング・グループ専門家なども務める。

著書に、『グローバル・タックスの可能性』（ミネルヴァ書房）、『グローバル・タックスの構想と射程』（法律文化社）などがある。


## ■執筆者紹介 （50 音順）

### 金子文夫 （かねこ・ふみお）

1948 年生まれ。横浜市立大学名誉教授。東京大学大学院経済学研究科博士課程単位取得満期退学、博士（経済学）。東京大学社会科学研究所助手を経て、1981 ～ 2014 年まで横浜市立大学教員。専門は国際経済史、日本・アジア経済論。グローバル連帯税フォーラム代表理事を務める。

共著に『トヨタ・イン・フィリピン』（社会評論社）、『システム機器の歴史的位相』（蒼天社出版）などがある。


### 佐藤克彦 （さとう・かつひこ）

1953 年生まれ。中央大学卒業後、自治労本部に入職し公営企業、政策、国際等を担当、1992 ～ 1995 年まで連合本部で企画、社会政策を担当。1999 ～ 2003 年まで国際公務労連（PSI）東アジア小地域事務所長、2004 ～ 2009 年まで同アジア太平洋地域事務所長。自治労国際担当特別執行委員および PSI 加盟組合日本協議会（PSI-JC）事務局長を経たのち、2015 年退職。


### 田中徹二 （たなか・てつじ）

1947 年生まれ。1968 年北海道教育大学札幌分校中退。2008 年 3 月江戸川区役所退職。2001 ～ 2003 年まで ATTAC ジャパン（首都圏）事務局長。2004 年よりオルタモンド事務局長、2011 年よりグローバル帯税フォーラム代表理事を務める。

著書に「国際連帯税そしてグローバル・タックスをめぐる動向と課題」（広井良典編『「環境と福祉」の統合』有斐閣 2008、所収）などがある。


### 津田久美子 （つだ・くみこ）

1986 年生まれ。北海道大学法学研究科博士課程、日本学術振興会特別研究員（DC）。中央大学総合政策学部を卒業後、就業を経て、2013 年に北海道大学大学院法学研究科に入学。2015 年に修士課程（国際政治）を修了。


### 望月　爾 （もちづき・ちか）

1964 年生まれ。立命館大学法学部教授。慶應義塾大学法学部法律学科卒。静岡大学大学院法学研究科修了。監査法人朝日新和会計社（現あずさ監査法人）、静岡産業大学を経て、04年立命館大学法学部助教授、11 年より現職。専門は租税法、国際租税法。

主な研究業績に、「国際連帯税の展開とその法的課題── EU の金融取引税を中心に」（租税法研究 42 号）などがある。

世界の富を再分配する 30 の方法
——グローバル・タックスが世界を変える

2016 年 4 月 15 日　第 1 刷発行

編著者　上村雄彦
発行者　上野良治
発行所　合同出版株式会社
　　　　東京都千代田区神田神保町 1-44
　　　　郵便番号　101-0051
　　　　電話 03（3294）3506 ／ FAX03（3294）3509
　　　　URL http://www.godo-shuppan.co.jp/
　　　　振替 00180-9-65422
印刷・製本　新灯印刷株式会社